Allegría

Die Autorinnen

Louise Hay schrieb mit »Gesundheit für Körper und Seele« das meistverkaufte Lebenshilfe-Buch der Welt. Die inzwischen über achtzigjährige Autorin und Verlegerin lebt in Kalifornien. Über ihr Leben und ihr Werk entstand der inzwischen auch in Deutschland erschienene große Film You Can Heal Your Life.

Cheryl Richardson ist eine erfolgreiche Autorin, deren Bücher zum Thema Selbsthilfe mehrfach ausgezeichnet wurden. Oft stehen Louise Hay, die Grande Dame der Lebenshilfe, und Cheryl Richardson gemeinsam auf der Bühne und bieten spirituelles Entertainment vom Feinsten.

Von Cheryl Richardson ist in unserem Hause erschienen:

Sei dir wichtig!
Das Orakel der Inspiration (Kartendeck)

Von Louise Hay sind in unserem Hause erschienen:

Heile Dein Herz, mit David Kessler (Allegria)
Gesund sein, mit Mona Lisa Schulz (Allegria)
Gesundheit für Körper und Seele (Allegria)
Meditation für Körper und Seele (Allegria)
Licht für Körper und Seele (Allegria)

Ist das Leben nicht wunderbar!,
mit Cheryl Richardson
Das Mädchen und der Maler
Finde Deine Lebenskraft
…und plötzlich war alles anders
Gesundheit für Körper und Seele A-Z
Meditation für Körper und Seele
Gesundheit für Körper und Seele
Liebe statt Angst
Alles wird gut!
Das Beste, was mir je passiert ist
Wahre Kraft kommt von innen
Aufbruch ins Licht
Balance für Körper und Seele
Gute Gedanken für jeden Tag
Die Kraft einer Frau
Du bist dein Heiler!
Das Leben lieben
Du selbst bist die Antwort
Die innere Ruhe finden
Das große Buch der heilenden Gedanken
Das große Buch der wahren Kraft

Balance für Körper und Seele (CD)
Gedanken der Kraft (CD)
Liebe statt Angst (CD)
Du bist dein Heiler! (CD)
Heilende Gedanken für Körper
und Seele (CD)
Verzeihen ist Leben (CD)

Das Mädchen und der Maler (DVD)
Ihr Weg zum erfüllten Leben (DVD)
You Can Heal Your Life –
Der Film (DVD)
Grenzen überwinden (DVD)

Du bist dein Heiler! (Kartendeck)
Körper und Seele (Kartendeck)
Glück und Weisheit (Kartendeck)
Jeden Tag gut drauf (Kartendeck)
Du kannst es! (Kartendeck)

I CAN DO IT (Kalender)
Ist das leben nicht wunderbar! (Kalender)

LOUISE HAY

mit Cheryl Richardson

Ist das Leben nicht wunderbar!

Aus dem Amerikanischen übersetzt
von Thomas Görden

Ullstein

Besuchen Sie uns im Internet:
www.ullstein-taschenbuch.de
www.facebook.com/allegriaverlag

Allegria im Ullstein Taschenbuch

Ullstein Taschenbuch ist ein Verlag der
Ullstein Buchverlage GmbH, Berlin.
Neuausgabe im Ullstein Taschenbuch
1.Auflage November 2014
3.Auflage 2015
© der deutschsprachigen Ausgabe 2012 by
Ullstein Buchverlage GmbH, Berlin
© der Originalausgabe
YOU CAN CREATE AN EXCEPTIONAL LIFE
2011 by Louise Hay and Cheryl Richardson
Umschlaggestaltung und Illustration: Geviert –
Büro für Kommunikationsdesign, München,
Conny Hepting
Gesetzt aus der Baskerville
Satz: Keller & Keller GbR
Druck und Bindearbeiten:
GGP Media GmbH, Pößneck
Printed in Germany
ISBN 978-3-548-74620-3

Inhalt

Einleitung
von Louise Hay

Viele Jahre lang lautete eine meiner Affirmationen: *Nur Gutes erwartet mich.* Das ist ein tröstlicher Gedanke, der alle Angst vor der Zukunft auslöscht und es mir ermöglicht, an jedem Tag voller Zuversicht zu erwachen, mit einem Gefühl von Leichtigkeit und Wohlbefinden. Ich bin immer wieder erstaunt und positiv überrascht, welche neuen guten Abenteuer das Leben mir bringt.

So fühlte ich mich auch, als Reid Tracy, der Geschäftsführer von Hay House, mit der Idee zu mir kam, ein gemeinsames Buch von Cheryl und mir herauszubringen. Ich musste unwillkürlich lächeln, als ich mir die Möglichkeiten ausmalte, die ein solches Projekt bieten würde. Der Vorschlag gefiel mir sehr gut!

Zuerst hatte ich viele Fragen: Worüber würden wir schreiben? Würden unsere beiden Schreibstile gut harmonieren? Da wir sehr weit voneinander entfernt wohnen, fragte ich mich außerdem, ob wir genug gemeinsame Zeit für die Arbeit an dem Buch finden würden. Aber dann sagte ich mir, dass das

Leben wohl kaum mit einer so guten Idee aufgewartet hätte, ohne sich um alles Erforderliche für deren Realisierung zu kümmern. Und *wie* es sich darum kümmerte! Ganz unkompliziert ergab es sich, dass Cheryl und ich uns im Rahmen unserer Reisen in verschiedenen Städten in den USA und Europa trafen. Stets hatten wir dabei genug Zeit, um ein oder zwei Kapitel des Buches zu entwickeln. Und wenn wir uns nicht treffen konnten, skypten wir – oft im Pyjama, unfrisiert und ungeschminkt. Das war jedes Mal so vertraut, als säßen wir zusammen in einem Zimmer.

Cheryl und ich haben es beide geschafft, in unserem Leben phänomenale positive Veränderungen herbeizuführen. Und nun möchten wir das, was wir gelernt haben, gerne an Sie weitergeben. Wir alle können unser Leben positiv verändern, wenn wir lernen, gut für uns selbst zu sorgen, und unseren Geist darauf trainieren, Gedanken zu denken, bei denen wir uns wohlfühlen. Wenn wir diesen Weg gehen, ziehen wir dadurch wundervolle Erfahrungen an, die unser Leben bereichern.

Cheryls und meine Idee ist es, Ihnen diese Methoden auf möglichst einfache Art vorzustellen. So können Sie Schritt für Schritt lernen, wie man geistigen Frieden findet, sorgenfrei in einem gesunden Körper und in angenehmen finanziellen Verhältnissen lebt, mit liebevollen, harmonischen Beziehungen

zu anderen Menschen. Und letztlich möchten wir
Ihnen zeigen, wie Sie sich, anstatt sich als Opfer zu
fühlen, ein gutes und erfreuliches Leben erschaffen
können.

Wenn Sie dieses Buch Kapitel für Kapitel lesen,
werden Sie feststellen, dass Ihre Schultern sich entspannen, die Sorgenfalten auf Ihrer Stirn verschwinden, Anspannung und Ängste sich auflösen – denn
Sie werden erkennen, dass es eine bessere Art zu
leben gibt.

Es ist die Reise, die uns Freude bringt, nicht die
rasche Jagd zu einem Ziel. Wir lieben Sie und sind
an Ihrer Seite, wenn Sie mit uns diese faszinierende
Abenteuerreise hin zu einem außergewöhnlichen
Leben unternehmen!

Einleitung
von Cheryl Richardson

Es gibt eine Universale Energie, eine Göttliche Kraft, die uns alle erschafft, erhält, miteinander verbindet und in Kooperation mit unseren Gedanken, Worten und Handlungen unsere Lebenserfahrung hervorbringt. Wenn wir lernen, partnerschaftlich mit dieser wohlwollenden Macht zusammenzuarbeiten, werden wir zu Meisterinnen und Meistern unseres Schicksals.

Die Erfolgsformel ist einfach: *Denken Sie Gedanken, bei denen Sie sich wohlfühlen, treffen Sie Entscheidungen, bei denen Sie sich wohlfühlen, und handeln Sie so, dass Sie sich dabei wohlfühlen.* Lassen Sie dann los und vertrauen Sie darauf, dass das Leben Ihnen bringt, was Sie benötigen, um sich weiterzuentwickeln und glücklich zu sein.

Diese einfache Formel hat die Qualität meines Lebens radikal verbessert, und sie kann auch Ihres besser machen. Wenn Sie die Formel nutzen und lernen, auf das Leben zu vertrauen, wird sich für Sie alles auf wunderbare Weise entfalten. Dann werden

Sie wundervolle Gelegenheiten erhalten, Erfüllung zu finden und diese Welt positiv zu verändern. Dieses Buch ist eine von meinen wundervollen Gelegenheiten.

Ich war mit Reid Tracy zum Essen verabredet. Reid und ich kennen uns schon seit vielen Jahren, und seit Kurzem bieten wir ein spezielles, von uns gemeinsam geleitetes Seminar für Freiberufler und Führungskräfte an, die lernen möchten, wie sie ihren Einfluss erhöhen und Menschen besser inspirieren können. Dabei vermitteln wir den Teilnehmerinnen und Teilnehmern, wie sie durch gelungene Texte, Vorträge, Auftritte in Radio und Fernsehen und Nutzung der neuen sozialen Medien erfolgreich öffentliches Interesse für ihre Anliegen wecken können. Dieses Seminar durchführen zu dürfen empfinden wir als echtes Privileg, denn es geht darum, neue Talente im Bereich der Selbsthilfebewegung und des ganzheitlichen Heilens zu fördern und ihnen bei ihrer Entwicklung zu helfen.

Während wir zusammen aßen und uns über unser jüngstes Seminar austauschten, machte Reid mir ein Angebot, das für mich völlig überraschend kam: »Ich habe darüber nachgedacht, was dein nächstes Projekt sein könnte, und frage mich, ob du Interesse hättest, ein Buch mit Louise zu schreiben.« Ich legte die Gabel weg und sah ihn verblüfft an.

»Louise Hay?«, fragte ich mit vollem Mund.

»Ja«, sagte er lächelnd, »Louise Hay.«

Louise gilt als Mitbegründerin der Selbsthilfebewegung und Pionierin der Geist-Körper-Heilung. Ich kannte sie schon seit über 20 Jahren. Zunächst nicht persönlich, aber durch ihre Bücher und Vorträge. 1984 erschien ihr Buch *Gesundheit für Körper und Seele*, in dem sie als eine der Ersten die Zusammenhänge zwischen körperlichen Erkrankungen und bestimmten Denkmustern und Emotionen aufzeigte. Ich wusste, dass von Louises Büchern inzwischen über 50 Millionen Exemplare verkauft waren und dass sie mit ihrer Arbeit Menschen überall auf der Welt beeinflusst hat.

Während ich dort saß und Reid verblüfft anstarrte, kamen mir die Worte *Der Kreis schließt sich* in den Sinn. Ein Buch mit Louise Hay schreiben? Mir fiel unsere erste Begegnung ein. Das war Mitte der 1980er-Jahre gewesen. Ich war eine junge Frau, die versuchte, zu sich selbst zu finden. *Gesundheit für Körper und Seele* gehörte zu den ersten Büchern, die mich auf den Pfad der Selbstheilung führten.

Damals arbeitete ich ehrenamtlich im *Interface*, einem ganzheitlichen Ausbildungszentrum in Cambridge, Massachusetts. Dort unterrichteten solche richtungsweisenden Denkerinnen und Denker wie

Marion Woodman, eine jungsche Analytikerin und Pionierin weiblicher Psychologie, John Bradshaw, der das Konzept der dysfunktionalen Familie ins öffentliche Bewusstsein rückte, und Bernie Siegel, der Chirurg, der Ärzte und Patienten dazu anregte, Heilung als ganzheitlichen Prozess zu begreifen, der unser emotionales und spirituelles Leben ebenso einschließt wie unseren physischen Körper. Nun hatte man Louise zu einem Vortrag über ihr Buch ins *Interface* eingeladen, und ich war ausgewählt worden, sie vom Flughafen zu ihrem Hotel zu fahren.

Den Gedanken, Louise Hay am Flughafen abzuholen, fand ich sehr aufregend. Ich war eingeschüchtert und freudig erregt zugleich, jemanden zu treffen, der mein Leben so tief berührt hatte. In ihrem Buch erzählt Louise ihre eigene Lebensgeschichte mit so viel Mut und Verletzlichkeit, dass ich mich ihr seelenverwandt fühlte.

Wie es Louise gelang, eine von Gewalt und Missbrauch geprägte Vergangenheit in eine Gegenwart zu verwandeln, die von Frieden und Heilung erfüllt ist, inspirierte mich dazu, selbst ebenfalls einen gesunden Weg einzuschlagen. Und sie regte mich an, Wachstum aus einer radikal neuen Perspektive zu betrachten: Wenn ich mein Leben ändern wollte, musste ich zunächst mein Denken ändern. Ich durfte mich nicht länger als Opfer der Umstände fühlen. Es war an der Zeit, entschlossen im Fahrer-

sitz Platz zu nehmen! Louise lieferte dazu die prak-
tischen Techniken und Methoden, um dauerhafte
positive Veränderungen herbeizuführen.

Während ich zum Flughafen fuhr, hielt ich mühsam meine Aufregung im Zaum und mahnte mich,
Louise nicht mit Fragen zu bombardieren. Als ich
eintraf, stellte sich heraus, dass ihr Flug aus Kalifornien Verspätung hatte. Über zwei Stunden musste
ich ausharren, ohne dass meine gespannte Erwartung nachgelassen hätte.

Im Gegenteil, meine Aufregung wurde immer
größer. Als Louise endlich aus ihrer Maschine kam,
ging ich zu ihr und stellte mich vor. Sie lächelte und
schüttelte mir die Hand. Dann gingen wir zum
Auto. Auf der Fahrt zum Hotel brachte ich kaum ein
Wort heraus.

Einige Jahre später führte uns das Leben wieder
zusammen – nun unter ganz anderen Umständen.
Die noch sehr junge Frau, die in den 1980er-Jahren
verzweifelt versucht hatte, zu sich selbst zu finden,
war inzwischen zur Buchautorin geworden, die anderen Menschen auf ihrer persönlichen Reise der
Selbstentdeckung half. Diesmal trafen Louise und
ich uns auf einem Autorendinner ihres Verlages
Hay House. Das war die erste von vielen Begegnungen, bei denen wir einander auf persönlichere – und
bedeutungsvollere – Weise kennenlernten.

Meine Begegnungen mit Louise im Lauf der Jahre waren für mich stets erfrischend und inspirierend, denn sie ist, auch heute mit 85 Jahren noch, eine Frau, die – überaus gewissenhaft – praktiziert, was sie lehrt. Sie ist ein wunderbares Beispiel dafür, was es bedeutet, sich durch positives Denken und Sprechen ein bemerkenswertes Leben zu erschaffen.

Als mir nun Reid diesen Vorschlag unterbreitete, lautete mein erster Gedanke: *Das wäre eine einzigartige Gelegenheit, von einer Frau zu lernen, die einen enormen Einfluss auf dein Leben und das von Millionen anderen hat.* Ich musste nicht lange überlegen. Ich würde das Buch schon allein darum schreiben, um mir diese Erfahrung nicht entgehen zu lassen. Doch da war noch mehr. Mein Leben wurde auch weiterhin von der Weisheit Louises auf bedeutsame Weise beeinflusst.

Während des vergangenen Jahres hatte ich mir beispielsweise eine tägliche Praxis zur Gewohnheit gemacht, die auf Louises Lehren zum Thema Affirmationen beruhte. Bevor ich morgens in den Tag startete, schrieb ich ein paar Seiten in mein Tagebuch, die stets mit einer Liste mir spontan in den Sinn kommender Affirmationen endeten. Ich freute mich auf dieses tägliche Ritual und war gespannt, welchen Einfluss es auf mein Leben haben würde.

Schon bald stellten sich spürbare Veränderungen ein. Ich fühlte mich tagsüber besser, lebte mit mehr

Begeisterung, und es fiel mir leichter, meine Aufmerksamkeit von Dingen abzuwenden, die mich ärgerten oder nervös machten, und stattdessen bewusst Gedanken zu wählen, bei denen ich mich wohlfühlte.

Und nicht nur das: Je länger ich diese tägliche Praxis fortsetzte, desto mehr wurde ich mir tieferer persönlicher Bedürfnisse bewusst. Innerhalb weniger Monate entdeckte ich in den Affirmationen, die ich mir spontan ausdachte, wiederkehrende Muster und Themen. Bestimmte Inhalte tauchten wieder und wieder auf, was mich auf Dinge aufmerksam machte, die ich gerne in meinem Leben verwirklicht sehen wollte. Eine Affirmation vor allem nahm eine zentrale Rolle ein:

Ich arbeite gemeinsam mit klugen,
inspirierenden Menschen an Projekten,
die zur Heilung der Welt beitragen.

Anfangs überraschte mich diese Affirmation. Von Natur aus habe ich einen Hang zum Einzelgängertum – na ja, eigentlich bin ich wohl ein Kontrollfreak. Daher zog ich es vor, stets das Sagen zu haben und alles selbst entscheiden zu können. Aber ich spürte zunehmend, dass dies ein ziemlich einsamer Weg war, der mich auf Dauer nicht befriedigte. Ich dachte immer öfter darüber nach, wie es wohl wäre, statt immer allein durchs Leben zu gehen, mit anderen, die mich herausforderten und inspirierten, zusammenzuarbeiten. Schon bald signalisierte mir das Leben, dass es auf meine neuen Wünsche reagierte. Die Kraft meiner fokussierten Energie begann, etwas Neues zu manifestieren.

Reids Vorschlag war wie eine neue Tür, die sich für mich öffnete. »Ja, ich möchte wirklich gerne mit Louise ein Buch schreiben«, sagte ich zu ihm. »Was ist der erste Schritt?«

Ein paar Wochen später traf ich mich mit Louise, um unsere Zusammenarbeit zu besprechen. Wir hielten dieses Buchprojekt beide für eine wunderbare Idee. Wir beschlossen, etwas zu tun, wozu man nur durch Alter und Lebenserfahrung inspiriert wird: *dem Leben zu vertrauen.* Statt ein Exposé zu verfassen oder einer festen Struktur zu folgen, wollten wir es dem Buch ermöglichen, sich uns zu offenbaren. Und das tat es dann auf eindrucksvolle Weise!

Am Rand von Veranstaltungen in Nordamerika und Europa trafen Louise und ich uns immer wieder zu herzlichen, vertrauten Gesprächen über die spirituellen Prinzipien, die unser beider Leben formten. Obgleich ich das Buch aus meiner Perspektive geschrieben habe, spiegelt es doch unsere intensiven

Gespräche über all jene Themen wider, die uns beiden wichtig erscheinen – von der Selbstliebe und
der Liebe zum eigenen Körper bis zum Altwerden
und der Frage, wie wir uns friedlich und in Würde
dem Ende unseres Lebens hier auf der Erde nähern
können.

Es ist unser aufrichtiger Wunsch, dass diese Gespräche Sie dazu inspirieren werden, sich spirituelle
Gewohnheiten zuzulegen, die es Ihnen ermöglichen,
ein außergewöhnliches Leben zu führen. Tun Sie
das und Sie werden jene universale Wahrheit entdecken, die Louise und ich für die wichtigste überhaupt halten: *Das Leben liebt Sie!*

1.

Ans Telefon gehen
und die Post öffnen

Ich bin zu Hause in Massachusetts, blicke hinaus auf eine frostige Landschaft und bereite mich darauf vor, Louise im sonnigen Kalifornien anzurufen. Neben meinem Computer steht eine Tasse meines Lieblingstees – Fortnum & Mason's Royal Blend – mit der perfekten Menge hausgemachter roher Mandelmilch. Ich kann es kaum erwarten, unser Projekt zu beginnen.

Als wir unser Telefonat verabredeten, schlug Louise zu meiner Überraschung vor, dass wir skypen sollten, damit wir uns während des Gesprächs sehen konnten. *Skypen?*, dachte ich. *Na so was!* Ich selbst benutzte das Programm erst seit einem Jahr. Wie sich zeigte, war Louise mit ihren 85 Jahren noch voll auf der Höhe der Zeit. Unsere Zusammenarbeit versprach, sehr interessant zu werden.

Um Louise auf einer tieferen Ebene kennenzulernen und einen Einstieg in unser Projekt zu finden, wollte ich mehr über ihre persönliche Reise erfahren. Ich fragte mich, was für sie der Auslöser gewesen war, sich auf den Pfad der Selbstentwicklung zu begeben. Welche Wegweiser hatten für sie eine Rolle gespielt? Was hatte sie dazu inspiriert, ein Unternehmen zu gründen, das einen so tief greifenden Einfluss auf Millionen Menschen weltweit ausübt?

Meine Neugierde wurde aber durch einige Zweifel gebremst, denn ich wusste, dass Louise ihre Geschichte schon viele Male erzählt hatte. Nicht nur in *Gesundheit für Körper und Seele*, sondern auch in zahlreichen Vorträgen und Workshops. Und als jemand, der selbst schon ausführlich über sein eigenes Leben geschrieben hat, wusste ich, wie ermüdend es sein kann, zum 400. Mal das Gleiche zu erzählen. Also ging es mir darum, Louises Leben aus einem neuen Blickwinkel zu beleuchten. Ich interessierte mich dafür, zu welchen Erkenntnissen sie durch ihr hohes Alter und ihre enorme Lebenserfahrung gelangt war.

Mit ihrer ausgezeichneten Intuition ging Louise auf meine Besorgnisse sofort bei unserem ersten Gespräch ein, ohne dass ich es überhaupt erwähnen musste. »Meine Lebensgeschichte habe ich schon in meinen früheren Büchern erzählt. Daher halte ich es für unnötig, das noch einmal zu wiederholen. Ich habe aber über die Dinge nachgedacht, die wichtig für mein spirituelles Wachstum sind, und ich finde, darüber sollten wir sprechen.«

Ich atmete erleichtert auf und lächelte. »Ausgezeichnet«, sagte ich. »Das ist wunderbar.«

Zur verabredeten Zeit stelle ich die Verbindung zu
Louise her und aktiviere die Videofunktion. Und
schon sehe ich sie! Strahlendes Lächeln, die Brille
hoch auf der Nase, sitzt sie aufrecht im Stuhl, bereit
für die gemeinsame Arbeit. Nachdem wir ein paar
Minuten geplaudert haben, wenden wir uns dem
Buchprojekt zu. Ich stelle mein iPhone auf Diktierfunktion, und meine Finger ruhen auf der Tastatur,
um mir Notizen machen zu können. Gespannt lausche ich, während Louise über meine erste Frage
nachdenkt: *Was hat Sie veranlasst, den spirituellen Pfad
einzuschlagen?*

»Mein spirituelles Wachstum begann im Alter
von 42 Jahren«, erzählt Louise. »Ich war mit einem
entzückenden Engländer verheiratet gewesen, der
es mir ermöglicht hatte, gesellschaftliches Beneh-
men und eine Weltgewandtheit zu erlernen, die mir
in der Kindheit nicht mitgegeben worden waren.
Ich wuchs in einer von Gewalt geprägten Familie
auf. Wir gingen niemals aus und unternahmen so
gut wie nichts. Mit 15 lief ich von zu Hause weg.
Zwar lernte ich, zu überleben und mich irgendwie
durchzuschlagen, aber ich hatte keine Ahnung, wie

man ein gutes Leben führt. Als ich dann den Engländer heiratete, der ein echter Mann von Welt
war, mit ausgezeichneten Manieren, lernte ich eine
Menge von ihm. Wir unternahmen zusammen die
wunderschönsten Dinge, doch als ich zu hoffen begann, es gäbe das wahre Glück und wir würden für
immer zusammenbleiben, sagte er mir, dass er sich
scheiden lassen wollte. Ich war am Boden zerstört.«

Mein Gott, das muss ja furchtbar gewesen sein,
sage ich zu ihr.

»Ja, das war es. Mein Mann war ziemlich promi-
nent, und alle Zeitungen berichteten über unsere
Scheidung. Das war eine sehr schmerzhafte Zeit,
denn ich sagte mir sofort: ›Da hast du es mal wieder!
Nie kannst du etwas richtig machen.‹ Doch rück-
blickend erkenne ich, dass diese Ehe für mich eine
wichtige Tür war, die sich schließen musste, damit
ich den nächsten Schritt auf meinem Entwicklungs-
weg tun konnte. Hätten wir uns damals nicht scheiden lassen, wäre ich nie zu der Louise Hay geworden, die ich heute bin. Stattdessen wäre ich die
pflichtbewusste kleine englische Ehefrau geblieben
– eine sehr gute Ehefrau, genau so, wie ich mir das
damals vorstellte, aber eben nicht das, was mir wirklich bestimmt war. Es war einfach der richtige Zeitpunkt für das Ende dieser Ehe.«

Während ich Louise zuhöre, denke ich an den
klassischen »Weckruf«, jene oft abrupte und uner-

wartete Unterbrechung eines behaglichen, aber dumpfen Lebens. Auch ich erlebte einige dieser Brüche, bis ich endlich aufwachte – herzzerreißende Trennungen, schamvolle Arbeitsplatzverluste und sogar ein Feuer, bei dem das Geschäft unserer Familie in Flammen aufging. Gerade dieses Feuer war es, das mich aus meinem Tiefschlaf weckte und mich endgültig den spirituellen Pfad einschlagen ließ.

»Ein Jahr nach der Scheidung, nachdem ich mich mit diesem Verlust auseinandergesetzt hatte, öffnete sich für mich eine neue Tür«, fährt Louise fort. »Eine Freundin lud mich zu einem Vortrag ein, der in der Kirche der Religious Science, der Religiösen Wissenschaft, in New York stattfand. Sie bat mich mitzukommen, weil sie nicht allein gehen wollte. Ich sagte zu, doch als ich dort eintraf, war sie nicht da. Ich musste also entscheiden, ob ich mir den Vortrag trotzdem anhören wollte. Ich beschloss zu bleiben. Da saß ich also und hörte, wie plötzlich jemand sagte: ›Wenn du bereit bist, dein Denken zu ändern, kannst du dein Leben ändern.‹ Es klang wie eine ganz kleine, beiläufige Feststellung, aber auf mich machte es gewaltigen Eindruck. Es weckte mein Interesse.«

Warum weckte gerade das Ihre Aufmerksamkeit?, frage ich sie.

»Ich habe keine Ahnung, denn damals interessierte ich mich überhaupt nicht dafür, mich zu bilden und dazuzulernen. Ich weiß noch, dass eine Freundin ständig vergeblich versuchte, mich zur Teilnahme an Weiterbildungskursen der YWCA zu bewegen. Aber an diesem Thema sprach mich irgendetwas an, und so beschloss ich, wiederzukommen. Heute erkenne ich, wie perfekt es sich fügte, dass meine Freundin damals nicht erschien. Wäre sie da gewesen, hätte ich das Ganze wahrscheinlich ganz anders erlebt. Sehen Sie, alles entfaltet sich auf perfekte Weise.«

Alles ist vollkommen. Wenn man diesen Satz zum ersten Mal hört, klingt es, als geschähe nichts ohne Grund. Diese Botschaft ist schwer zu schlucken, wenn wir es mit Tragödien oder sehr schmerzhaften Erfahrungen zu tun haben. Wenn wir uns aber darauf trainieren, auch in unseren schwersten Stunden die Vollkommenheit zu erkennen, mit der sich alles entfaltet – eine Perspektive, die uns oft erst in der Rückschau gelingt –, lernen wir, dem Leben zu vertrauen. Wir gelangen zu der Einsicht, dass uns bestimmte Erfahrungen zwar nicht gefallen, uns das Leben aber dadurch in eine neue, für uns angemessenere und segensreichere Richtung führt.

Alles, was geschieht, hat einen Sinn oder *Alles entfaltet sich in vollkommener Weise* sind Glaubenssätze, die auf der Entscheidung beruhen, das Leben als Schule zu betrachten. Wenn wir uns dafür entscheiden, Schülerinnen und Schüler des Lebens zu sein, die

aus ihren Erfahrungen lernen und an ihnen wachsen, geschieht tatsächlich alles, was wir erleben, aus
gutem Grund. Auf diese Weise gewinnen wir unseren schwersten Stunden einen Sinn ab, indem wir
sie zu unserem spirituellen Vorteil nutzen.

Louise fährt fort: »Nach diesem ersten Eindruck
wurde ich zu einer regelmäßigen Besucherin der
Vorträge in dieser Kirche. Ich wollte mehr darüber
erfahren. Ich fand heraus, dass sie ein einjähriges
Schulungsprogramm anboten, und meldete mich
dafür an. Im ersten Jahr besaß ich noch nicht einmal
ihr Lehrbuch. Also saß ich einfach nur da und hörte
zu. Dann belegte ich das ganze Einjahresseminar
erneut – diesmal mit Buch. Anfangs machte ich nur
sehr langsam Fortschritte, aber ich blieb am Ball.
Drei Jahre später hatte ich mich ausreichend quali-
fiziert, um als lizenzierte spirituelle Beraterin für die
Kirche zu arbeiten.«

Was hat eine solche kirchliche Beraterin denn zu
tun?

»Menschen kamen mit ihren Problemen zu mir –
einer Krankheit oder einem finanziellen Problem
beispielsweise –, und ich machte dann eine ›Behandlung‹ mit ihnen. Die Behandlung war unsere
Form des Gebets. Bei diesem Gebet ging es darum,
anzuerkennen, dass es eine Unendliche Macht gibt
und dass wir alle ein Teil dieser Intelligenz sind.
Wir bekräftigten mit positiven Formulierungen das

Resultat, das wir uns wünschten – und zwar so, als wäre es bereits wahr und verwirklicht. Zum Beispiel: *Mein Körper ist gesund und frei von Krankheit.* Oder: *Es gibt eine unerschöpfliche Quelle der Versorgung für meine Familie und mich.* Zum Abschluss des Gebets sagten wir: ›So sei es.‹ Von diesem Augenblick an sollte die betreffende Person dann ihre Angst als Auslöser benutzen, um jedes Mal, wenn sie an ihr Problem denken musste, zu bekräftigen, dass das Leben sich schon um die Sache kümmern und alles gut werden würde.«

Mit dem Konzept, auf diese Weise eine geistige Behandlung vorzunehmen, war ich gut vertraut. Mit Mitte 20 war ich fasziniert gewesen von den Büchern der Autoren des Neuen Denkens wie Catherine Ponder, Florence Scovel Shinn, Norman Vincent Peale und Robert Collier.

Und als ich Anfang 30 gewesen war, hatte Max, mein bester Freund, mir das Buch *Die Bergpredigt* von Dr. Emmet Fox geschenkt. Dieses Buch veränderte mein Denken radikal und inspirierte mich, Fox' Werk ausführlicher zu studieren. Sein *Macht durch positives Denken* wurde für ein volles Jahr zu meinem Lebenshandbuch. Wort für Wort studierte ich seine Lehre darüber, wie wir Behandlungen durchführen können, indem wir die universale Kraftquelle anzapfen, die uns allen frei zugänglich ist, und setzte sie in die Praxis um.

»Ich liebe Emmet Fox«, sagt Louise. »Er war ein sehr guter Mann. Sein Werk hat mir sehr gefallen, und ich nutze seine Erkenntnisse ständig.«

Nun wendet sie sich wieder ihrer Arbeit als spiritueller Beraterin der Religious Science zu und sagt: »Als ich meine Ausbildung beendet hatte und mit Menschen zu arbeiten begann, erhielt ich rasch sehr viel Zulauf. Die meisten Berater der Kirche arbeiteten an den Wochenenden oder abends, doch bei mir wurde nach nur drei Wochen ein Vollzeitjob daraus. Es war unglaublich. Ich schien die Leute magisch anzuziehen. Sie wollten unbedingt mit mir arbeiten.«

Wie erklären Sie sich das? Warum kamen so schnell so viele Menschen zu Ihnen?

»Das weiß ich nicht. Als ich einmal meinen Fuß auf den spirituellen Pfad gesetzt hatte, schien es mir von Anfang an, dass ich keine Kontrolle über die Dinge hatte, aber dass eine solche Kontrolle auch gar nicht notwendig war. Das Leben hat mir immer genau das gebracht, was ich gerade brauche. Ich habe auf das reagiert, was sich zeigte. Sehr oft werde ich gefragt, wie ich Hay House gegründet habe. Die Leute möchten jede Einzelheit darüber wissen, von dem Tag, an dem ich anfing, bis heute. Meine Antwort ist immer die gleiche: Ich bin ans Telefon gegangen und habe die Post geöffnet. Ich habe immer das getan, was gerade zu tun war.«

Ich wusste genau, wovon Louise da sprach. Zwar hatte ich mich schon ab Mitte 20 auf dem spirituellen Pfad befunden, aber erst als ich die 40 überschritt, begann ich, auf das Leben *zu antworten*, statt es ständig steuern zu wollen. In meinen Zwanzigern und Dreißigern war ich jemand, der das Setzen von Zielen sehr ernst nahm. Ich erstellte ganze Listen von beruflichen Zielen, finanziellen Zielen, Beziehungszielen und so weiter. Und ich fertigte Aktionspläne und Schatzkarten an, um das Erreichen dieser Ziele zu sichern. Im Rückblick finde ich, dass sie wundervolle Werkzeuge waren, um meine kreative Energie nutzbar zu machen, aber es kam der Punkt, an dem die Dinge sich änderten. In mir fand eine Veränderung statt. Ich erstellte immer noch meine Schatzkarten – Collagen aus Bildern, die bewirkten, dass ich mich gut fühlte, und mir etwas gaben, auf das ich hinarbeiten konnte. Doch es wurde weniger wichtig für mich, dem Erfolg nachzujagen. Ich fing an, mehr darauf zu achten, in welche Richtung das Leben mich führte.

»So lebe ich bis heute«, fährt Louise fort. »Es war immer so, als würde das Leben stets für alles Erforderliche sorgen, Schritt für Schritt. Anfangs bestand die Firma nur aus mir und meiner damals 90-jährigen Mutter, die sehr gut darin war, Umschläge zuzukleben und an Briefmarken zu lecken. Und von da an wuchs Hay House nach und nach.

In der Rückschau erkenne ich, wie das Leben mir stets genau das schickte, was ich gerade brauchte. Nach meiner Scheidung hatte ich zum Beispiel einen Freund, der Regisseur war. Er gehörte zur spanisch-amerikanischen Theaterszene in New York, und ich arbeitete ungefähr ein Jahr lang mit ihm und einigen Schauspielern. Es war experimentelles Theater, und ich tat dabei Dinge, die ich mir vorher niemals zugetraut hätte. Als dieser Regisseur nach Spanien zurückkehrte, blieb ich und spielte eine Rolle in einem Theaterstück, was mir zu einer Mitgliedskarte der Schauspielergewerkschaft verhalf. Von diesem Augenblick an – von dem Augenblick, als ich die Karte erhielt – löste sich alles in Luft auf. Niemand rief mich an, niemand wollte mich. Aber da ich nicht zum Theater gegangen war, um Karriere als Schauspielerin zu machen, kümmerte mich das nicht.«

Wieso war denn die Zeit am Theater ein Beispiel dafür, dass das Leben Ihnen immer gibt, was Sie brauchen?

»Sie war die Vorbereitung auf meine späteren öffentlichen Vorträge. Als ich anfing, Vorträge zu halten, hatte ich davor keine Angst, da ich mich bereits auf der Bühne zum Narren gemacht hatte. Und das hatte den Leuten damals gefallen. Ich erkannte, dass es sich mit dem öffentlichen Sprechen ähnlich wie beim Theater verhielt, nur dass ich hierbei mei-

nen Text selbst schrieb. Ich musste nicht den Anweisungen anderer Leute folgen. Ich konnte tun, was
ich wollte.«

Später haben Sie dann also ganztags als spirituelle
Beraterin gearbeitet und waren rasch sehr gefragt.
Wie hat sich Ihre Arbeit von dort aus weiterent-
wickelt?

»Ein Thema, mit dem wir uns in der ›Schule der
Religiösen Wissenschaften‹ oft beschäftigten, waren
Krankheiten und ihre geistigen Entsprechungen.
Diese Idee faszinierte mich. Ich weiß noch, dass ich
mir dazu viele Notizen machte – und später stellte
ich alle Informationen zusammen, die ich entweder
in Büchern gefunden hatte oder die aus meinen eigenen Beobachtungen in meinem Leben und dem
meiner Klienten stammten. Ich nannte es eine Liste.
Ich zeigte sie einer Teilnehmerin meiner Seminare,
und sie sagte zu mir: ›Louise, das ist unglaublich
toll! Warum machen Sie daraus nicht ein kleines
Büchlein?‹

Also erstellte ich ein zwölfseitiges Büchlein mit
einem blauen Einband. Ich gab ihm den Titel *What
Hurts (Was tut weh?),* aber bald nannte man es liebevoll ›das kleine blaue Buch‹. Es enthielt eine Liste
von Krankheiten, die geistigen Muster, die vermutlich zu diesen Krankheiten beitrugen, und eine
kurze Behandlung, um das negative Muster zu heilen. Ich erinnere mich, dass ich damit zu Dr. Barker,

dem Schulleiter, ging. Er sagte: ›Oh, Louise, das ist ja wirklich wundervoll! Wie viele haben Sie denn davon drucken lassen? 50?‹ Und ich antwortete: ›Nein, ich habe 5000 drucken lassen.‹ Worauf er erwiderte: ›Was? Sie sind ja verrückt! Davon werden Sie niemals 5000 verkaufen!‹

Ich hatte 5000 Exemplare drucken lassen, weil ich herausgefunden hatte, dass bei der Kirchendruckerei der Stückpreis sank, je mehr man drucken ließ. Also ließ ich 5000 drucken, und sie kosteten 25 Cent pro Stück. Ich verkaufte sie für einen Dollar. Es ging mir aber nicht darum, Geld damit zu verdienen – ich wollte einfach nur Wissen weitergeben. Doch letztendlich verkaufte ich wirklich alle 5000 Exemplare.«

Davon, dass Dr. Barker Sie für verrückt hielt, ließen Sie sich also nicht abschrecken?

»Nein, ich machte unbeirrt weiter. Sobald ich die fertigen Büchlein in Händen hielt, schickte ich ein kostenloses Exemplar mit einem Bestellformular an jede metaphysische Kirche, die ich finden konnte. Einige bestellten weitere Exemplare nach. Und hier und da gingen auch Bestellungen von Einzelpersonen ein. Die Sache entwickelte sich sehr langsam. Im ersten Jahr verdiente ich daran 42 Dollar. Ich war so stolz darauf, ein eigenes Buch veröffentlicht zu haben! Es fühlte sich an, als wäre es buchstäblich aus dem Nichts gekommen. Ich hatte nicht gewusst, dass ich so etwas überhaupt konnte, und doch verkaufte ich innerhalb von zwei Jahren 5000 Exemplare. Danach fand ich, dass es Zeit für eine gründliche Überarbeitung war.

Ich ging in die kircheneigene Buchhandlung und beobachtete die Kunden. Mir fiel auf, dass die Menschen, die mein Buch in die Hand nahmen, es in der Regel auch kauften. Aber die meisten nahmen es gar nicht erst in die Hand. Also wurde mir klar, dass es einen besseren Titel brauchte. Ich benannte es in *Heile deinen Körper* um und ergänzte das Material. Inzwischen erhielt ich Briefe von Leuten, die mir Fragen zu ihrer Gesundheit und ihrem Leben stellten. Ich saß vor einer noch sehr frühen Version eines Textverarbeitungsprogramms, und meine Finger begannen zu tippen. Jedes Mal, wenn ich einen Brief beantwortete, erhielt ich eine Rückantwort, in der es hieß: ›Wie konnten Sie das nur wissen?!‹ Das ermutigte mich und bewirkte, dass ich immer mehr auf meine Fähigkeit vertraute, die Menschen gut beraten und ihnen dadurch helfen zu können. Ich beendete meine Mitarbeit in der Kirche und entwickelte meine eigene Methode, mit den Menschen zu arbeiten.«

Wie änderte sich Ihre Beratungsarbeit, nachdem Sie die Kirche verlassen hatten?

»Ich bot etwas an, was ich Kurztherapie nannte – fünf oder sechs Sitzungen. Entweder die Klienten begriffen, wovon ich redete, und ihr Leben änderte sich, oder sie begriffen es nicht, und dann machte es keinen Sinn, dass sie ihr Geld und meine Zeit verschwendeten. Manche Leute konnten mit meiner Botschaft nichts anfangen – sie kamen ein oder zwei Mal und hielten die ganze Sache für Unsinn. Wer es aber *begriff* oder zumindest bereit war, damit zu arbeiten, stellte rasch fest, dass sich sein Leben zum Besseren veränderte.

Wir machten unsere Sitzung, und am Schluss bat ich die Klienten, sich hinzulegen, während ich leise, sanfte Musik auflegte. Ich verwendete die Musik von Steven Halpern, weil sie mir niemals langweilig wurde und eine sehr friedvolle Stimmung erzeugte. Dann ließ ich die Klientin oder den Klienten die Augen schließen und tief atmen, während ich ihn oder sie bat, den Körper zu entspannen, entweder vom Kopf abwärts oder von den Füßen aufwärts. Zum Abschluss sprach ich eine Behandlung für den Betreffenden. Diese Behandlung nahm ich auf Kassette auf und gab sie den Leuten mit nach Hause. Wenn sie wiederkamen, bat ich sie immer, die Kassette mitzubringen, damit ich weitere Ergänzungen darauf sprechen konnte. Auf diese Weise bekamen sie eine Kassette voller positiver Botschaften. Ich empfahl ihnen, sie sich jeden Abend vor dem Einschlafen anzuhören, um die Wirkung der Behandlung zu verstärken.«

Sie haben also Ihre eigene Methode entwickelt, mit den Klienten zu arbeiten, und Sie brachten Ihr erstes kleines Buch heraus. Was geschah dann?

»Nun, genau in dieser Phase wurde bei mir Krebs diagnostiziert. Natürlich geriet ich in Panik, wie es wohl allen Menschen in einer solchen Situation ergeht. Eine solche Diagnose zu erhalten ist absolut erschreckend. Ich weiß noch, dass ich meinen Lehrer anrief, völlig aufgelöst. ›Eric! Sie sagen, dass ich Krebs habe!‹ Und er sagte: ›Louise, es kann doch einfach nicht sein, dass du jetzt, nachdem du so viel Selbstentwicklung und spirituelle Arbeit betrieben hast, an Krebs stirbst. Gehen wir die Sache also positiv und konstruktiv an.‹ Das beruhigte mich sofort. Er war jemand, dem ich vertraute und an den ich glaubte, und ich wusste, dass ich mich auf ihn verlassen konnte. Damit begann meine Heilung.«

Bei Ihrer Arbeit mit Einzelklienten haben Sie sicherlich Berichte von Menschen gehört, die sich dank Ihrer Ratschläge besser fühlten oder sich gar selbst heilten. Schenkte Ihnen das nicht etwas geistigen Frieden, der es Ihnen ermöglichte, mit diesem Problem besser fertigzuwerden?

»Nun ja, es war eine Sache, die positiven Veränderungen im Leben anderer Menschen zu beobachten, aber selbst daran zu glauben, da ich selbst mit einer lebensbedrohlichen Diagnose konfrontiert war, stellte eine ganz andere Herausforderung dar. Ich erkannte, dass das Leben mir die Gelegenheit gab, selbst unter Beweis zu stellen, dass das, was ich lehrte, tatsächlich funktionierte.«

Also haben Sie nach der Krebsdiagnose Ihre Heilmethoden selbst praktiziert?

»Es war wirklich wunderbar, denn alles, was ich brauchte, kam zu mir, sobald ich einmal die Entscheidung getroffen hatte, mich selbst zu heilen. Ich fand einen Ernährungsspezialisten, der mich zunächst nicht behandeln wollte, weil in der damaligen Zeit die Chemotherapie als einzige wirksame Behandlungsmethode bei Krebs galt. Es widerstrebte ihm offensichtlich, mir etwas anderes anzubieten. Ich weiß noch, dass er mich ins Wartezimmer zurückschickte. Erst als er sich um einige andere Patienten gekümmert hatte, rief er mich wieder herein. Wir kamen ins Gespräch. Dabei erfuhr er, dass ich Mitglied der Religious Science war. Das brach das Eis, denn er sagte mir, dass er dieser Kirche ebenfalls angehörte. Er nahm mich als Patientin an, und ich erfuhr von ihm eine Menge über gesunde Ernährung, ein Gebiet, von dem ich zuvor keine Ahnung gehabt hatte. Meine damaligen Essgewohnheiten waren nicht sehr gut.

Nach dem Ernährungsspezialisten fand ich einen guten Therapeuten und setzte mich mit meiner Kindheitsgeschichte auseinander, die dringend der Heilung bedurfte. Um meine Wut herauszulassen, schrie ich herum und drosch auf Kissen ein. Auch lernte ich, dass Heilung sehr viel mit Vergebung zu tun hat. Ich musste also Vergebung praktizieren und eine Menge seelische Reinigungsarbeit leisten.«

Über Vergebung möchte ich gerne einen Moment sprechen, hake ich ein. Ich weiß, dass Ihre Kindheit von Gewalt geprägt war, und ich frage mich, ob die emotionale Entgiftungsarbeit mit dem Therapeuten stattfand, *bevor* der Vergebungsprozess begann. Ich frage danach, weil die Leute es häufig mit der Vergebung sehr eilig haben, weil sie hoffen, dadurch den schmerzhaften Gefühlen ausweichen zu können, die in uns aufsteigen, wenn wir uns mit Verrat, Verlust, Gewalt oder Missbrauch auseinandersetzen.

»Ja, zuerst musste die Heilung erfolgen«, antwortet Louise. »Mir wurde klar, und ich beschäftigte mich sehr viel damit, dass meine Eltern als wunderschöne Babys auf die Welt gekommen waren. Ich musste mir also anschauen, wie es hatte geschehen können, dass sie von dieser Unschuld dahin gelangt waren, mich zu misshandeln. Ich rekonstruierte mir ihre Lebensgeschichte, so gut es ging – jedenfalls das, was mir darüber erzählt worden war. So erkannte ich, dass meine Eltern unter schrecklichen Umständen aufgewachsen waren. Wenn Sie sich mit dem familiären Hintergrund einiger der schrecklichsten Persönlichkeiten der Welt beschäftigen, werden Sie feststellen, dass alle diese Leute eine wirklich grausame Kindheit hatten. Manchmal erwächst daraus, so wie auch bei mir, der Wunsch, anderen zu helfen. Doch manche Leute mit einer furchtbaren Kindheit wollen sich später einfach nur rächen. Diese Rache jedoch führt zu nichts. Sie schenkt uns niemals Frieden. Dass ich verstand, welches Leben meine Eltern geführt hatten, ermöglichte es mir, ihnen vergeben zu können.«

Um sich vom Krebs zu heilen, haben Sie also die Hilfe eines guten Ernährungsberaters und eines Therapeuten in Anspruch genommen und Vergebung praktiziert. Was noch?

»Als ich mich einmal innerlich darauf ausgerichtet hatte, dass Heilung möglich war, kam fast wie von selbst alles zu mir, was ich gerade benötigte. Verrückte kleine Dinge geschahen. Zum Beispiel hörte ich, dass die Fußreflexzonenmassage eine wirkungsvolle Methode ist, um die Entgiftung des Körpers zu unterstützen. Als ich eines Abends einen Vortrag besuchte, setzte ich mich entgegen meiner Gewohnheit ausnahmsweise nicht in die erste Reihe, sondern ganz nach hinten. Keine zwei Minuten vergingen, da setzte sich ein Mann neben mich. Wir kamen ins Gespräch, und es stellte sich heraus, dass er Massagetherapeut war, der sich auf die Fußreflexzonen spezialisiert hatte und sogar Hausbesuche machte – genau das, was ich suchte! Also ließ ich mich dreimal pro Woche von ihm behandeln. Ich weiß noch, dass sich meine Füße bei der ersten Behandlung hart wie Glas anfühlten, als er an ihnen arbeitete, um die Toxine zu entfernen.«

Bei Ihrer Heilung handelte es sich also um einen ganzheitlichen Prozess, bei dem Sie mit dem Körper, der Seele und Ihrem Denken arbeiteten, und mit den Emotionen?

»Ja. Sechs Monate später ging ich wieder zu meinem Arzt, und der Krebs war verschwunden. Einfach weg. Meine innere Stimme, mein Bauchgefühl, hatte mir das bereits gesagt, aber ich wollte eine medizinische Bestätigung. Seit dieser Erfahrung bin ich überzeugt, dass alles heilbar ist, wenn wir bereit sind, die nötige Arbeit an uns selbst zu tun.«

Mir gefiel es sehr, dass Louise ihre Krebsheilung als einen ganzheitlichen Prozess betrachtet, als eine bewusste Arbeit mit Geist, Körper *und* Emotionen, statt sich nur darauf zu verlassen, den Krebs durch »das Denken guter Gedanken« zum Verschwinden zu bringen.

»Ja, es ist eindeutig eine ganzheitliche Sache«, sagt sie. »Wenn man innerlich zu der Gewissheit gelangt, dass Heilung möglich ist, wird zur rechten Zeit die richtige Hilfe kommen. Dann muss man bereit sein, in allen Bereichen seine Arbeit zu tun.«

Wie versetzt man sich denn in einen inneren Zustand, durch den man alles in sein Leben zieht, was man für die Heilung braucht?

»Zunächst muss man die Art verändern, wie man über das Problem denkt. Wir alle haben unsere Vorstellungen davon, wie die Dinge funktionieren, was möglich ist und was nicht. Wir müssen unser Denken ändern. Von *Es ist unmöglich* zu *Es **ist** möglich – ich muss nur herausfinden, wie*. Ich sage immer, *unheilbar* bedeutet, dass eine Krankheit momentan mit *äußeren* Mittel nicht geheilt werden kann. Daher müssen wir uns nach innen wenden. Dazu ist es aber notwendig, dass wir unser Denken ändern. Und man muss ein gutes Selbstwertgefühl aufbauen – man muss daran glauben, dass man es wert ist, geheilt zu werden. Wenn es Ihnen gelingt, das als starken Glauben und Affirmation zu entwickeln, dann wird das Leben Ihnen alles bringen, was Sie brauchen, um die Heilung zu manifestieren.«

Wenn also jemand das hier liest, der gerade eine gesundheitliche Krise durchmacht, welche Affirmationen würden Sie empfehlen, um den richtigen Bewusstseinszustand herbeizuführen?

»Ich würde mit diesen Affirmationen beginnen:

Ich liebe mich und vergebe mir.

Ich vergebe mir, es zugelassen zu haben, dass meine [Wut, Angst, Verbitterung oder was auch immer] *meinen Körper schädigt.*

Ich verdiene es, gesund zu sein.

Ich bin es wert, geheilt zu werden.

Mein Körper weiß, wie er sich selbst heilen kann.

Ich achte liebevoll auf die Ernährungsbedürfnisse meines Körpers.

Ich liebe jeden Zentimeter meines Körpers.

Ich sehe klares, kühles Wasser meinen Körper durchströmen und alle Unreinheiten aus ihm herauswaschen.

Meine gesunden Zellen werden jeden Tag stärker.

Ich vertraue darauf, dass das Leben meine Heilung in jeder Hinsicht unterstützt.

Jede Hand, die meinen Körper berührt, ist eine heilende Hand.

Meine Ärzte sind erstaunt, wie rasch die Heilung meines Körpers fortschreitet.

Ich werde jeden Tag in jeder Hinsicht gesünder und gesünder.

Ich liebe mich.

Ich bin sicher und geborgen.

Das Leben liebt mich.

Ich bin heil und vollkommen.«

Haben Sie während der Heilung Ihrer Krebser-
krankung weiterhin Klienten betreut?

»Ja, aber nur mein Lehrer und die Menschen, die
mich unmittelbar unterstützten, wussten von meiner
Krankheit. Ich wollte mich nicht durch die Ängste
anderer Leute beeinflussen lassen. Nichts sollte mich
von meiner Heilung ablenken. Nachdem man mir
ärztlich bestätigt hatte, dass der Krebs vollkommen
verschwunden war, schaute ich mir mein Leben gewissenhaft an und beschloss, New York zu verlassen.
Ich hatte 30 Jahre dort gelebt und war das Wetter
und die harten Winter so sehr leid. Ich wollte dorthin zurückkehren, wo es das ganze Jahr über Son-
nenschein und Blumen gab. Also ging ich nach
Kalifornien.«

Und Sie ließen sich in Los Angeles nieder?

»Ja, das stimmt. Während der ersten sechs Monate genoss ich es, mich viel am Strand aufzuhalten.
Ich spürte, dass ich dafür schon bald nur noch wenig Zeit haben würde. Auch ging ich mit *Heile deinen
Körper* zu so ziemlich jeder metaphysischen Veranstaltung in Los Angeles, und wenn es sich anbot,
gab ich Leseexemplare weiter. Es zeigte sich, dass
keine dieser spirituellen Zusammenkünfte so war,
dass ich ein zweites Mal hätte hingehen wollen. Sie
hatten mir nichts zu bieten. Ich streckte aber die
Fühler aus, und nach und nach kamen die ersten
Klienten zu mir.«

Man kann also durchaus von einem Neuanfang sprechen. Hielten Sie denn Kontakt zu Ihren Klienten in New York?

»Ja, während ich mir in Los Angeles ein neues Leben aufbaute, blieb ich über Telefon mit ihnen in Kontakt.

In West Hollywood gab es eine wunderbare Buchhandlung namens Bodhi Tree. Ich ging ein paarmal mit meinem Buch dorthin, aber sie waren nicht interessiert. Doch schon bald schickte das Leben immer mehr Leute in diesen Laden, die nach dem ›kleinen blauen Buch‹ fragten. Die Hälfte dieser Leute kannte noch nicht einmal den Buchtitel oder meinen Namen. Aber sie wussten genug, um nach dem kleinen blauen Buch zu fragen. Also rief die Buchhandlung schließlich bei mir an und bestellte sechs Exemplare. Sofort, als ich den Hörer aufgelegt hatte, sprang ich ins Auto und brauste zu ihnen, um die Bücher persönlich abzuliefern. Während des ersten Jahres brachte ich alle bestellten Exemplare persönlich zu ihnen, und sie verkauften immer mehr davon. So erfuhren die Leute von mir und auch von meiner Arbeit und kamen, um sich von mir helfen zu lassen.

Zusätzlich zu den Einzelberatungen bot ich bald auch kleine Gruppenseminare für etwa sechs Personen an. Von diesen kleinen Seminaren und Vorträgen erfuhren die Leute durch Mundpropaganda.

Mit der Zeit wuchs mein Publikum, und ich kam an einen Punkt, an dem sich 350 Leute für einen Workshop anmeldeten. Ich glaubte an das, was ich lehrte, und die Teilnehmerinnen und Teilnehmer erzielten gute Resultate, sodass in ihrem Leben große Veränderungen stattfanden. Dann dachte ich: Wenn ich diese Erfahrungen aufschreibe – das, was ich durch meine Arbeit lerne –, könnte ich noch viel, viel mehr Menschen helfen. Aber dazu fehlte mir die Zeit. Dann besuchte mich eine Frau, die in New York meine Klientin gewesen war. Weil sie so zufrieden damit war, wie ich ihr bei der positiven Veränderung ihres Lebens geholfen hatte, schenkte sie mir 2000 Dollar! Das war die Chance, die ich mir gewünscht hatte.

Ich beschloss, mir nun sechs Monate Zeit für das Schreiben meines nächsten Buches zu nehmen. Ich sammelte Informationen von meinen Klienten und aus meinen Workshops und Berichte, die ich gehört hatte. Zusammen mit dem Inhalt von *Heile deinen Körper* wurde daraus ein neues Buch. So entstand *Gesundheit für Körper und Seele*. Nachdem ich es hatte drucken lassen, legte ich bei den Workshops einen Stapel auf den Tisch und stellte eine Schale mit Wechselgeld daneben. So konnte jeder, der wollte, sich ein Exemplar mitnehmen. Ich hatte damals nicht viel Geld, sodass ich das Buch immer nur in kleinen Mengen nachdrucken lassen konnte. Aber sobald wieder eine Lieferung verkauft war, ließ ich sofort neue drucken.«

Dann waren es also das Erscheinen der Erstausgabe von *Gesundheit für Körper und Seele* und Ihre erfolgreiche Arbeit mit Klienten, die bewirkten, dass Ihre Bekanntheit wuchs und Sie ein immer größeres Publikum erreichten?

»Ja. Und die Kunde davon verbreitete sich weit über meinen eigentlichen Wirkungskreis hinaus. Schließlich unternahm ich sogar auf eigene Faust eine Reise nach Australien. Jemand hatte mich dorthin eingeladen, damit ich an einem Freitagabend einen kostenlosen Vortrag hielt und dann ein Wochenendseminar leitete. Als ich am Freitag den Saal dort betrat, erwarteten mich tausend Menschen, und ich dachte: *Um Gottes willen, wo kommen alle diese Leute her? Was machen sie hier? Woher kennen sie mich?* Es war, als hätte das Leben diese Sache selbst in die Hand genommen.«

So wuchs Louises Vertrauen in das Leben, darin, sich vom Leben führen zu lassen, immer mehr. Als dann Mitte der 1980er-Jahre die Aidsepidemie ausbrach, erreichte Louises Arbeit eine ganz neue Dimension und Bekanntheit.

Heute erklärt sie dazu: »Zu meinen Klienten gehörten einige Homosexuelle, und eines Tages rief mich jemand an und fragte: ›Louise, wärst du bereit, eine Gruppe für Menschen mit Aids anzubieten?‹

Zunächst war ich mir nicht sicher, wie ich damit umgehen sollte, aber ich sagte: ›Ja, treffen wir uns und
schauen, was geschieht.‹ Also fingen wir mit sechs
Leuten an, und am Tag nach dem Treffen rief mich
einer dieser Männer an und sagte, dass er zum ersten Mal seit drei Monaten wieder hatte schlafen
können. Dann sprach sich die Sache schnell herum.

Ich wusste nicht, wie ich mit dem Thema Aids
umgehen sollte, aber damals wusste das auch sonst
niemand. Es war nicht so, dass es brillante Leute gab,
die großartige Dinge für Menschen mit Aids anboten, sodass ich als Außenseiterin mit meinem Angebot fehl am Platz gewesen wäre. Nein, wir saßen alle
im selben Boot. Ich beschloss, das zu tun, was ich
immer getan hatte: Ich konzentrierte mich darauf,
den Leuten zu vermitteln, wie man Groll und Verbitterung auflöst und sich selbst liebt, und ermutigte
sie zur Vergebung – die einfachen Dinge des Lebens.

Bei dieser Aidsgruppe sah ich, dass eine Menge
Selbsthass im Spiel war, mehr als bei den meisten
anderen Leuten, und dass sie sehr unter den Vorur-
teilen der Gesellschaft gegenüber Homosexuellen
litten. Homosexuelle hatten die gleichen Probleme
mit den Eltern wie alle anderen. Hinzu kam aber
oft, dass die Eltern sie wegen ihrer sexuellen Orien-
tierung ablehnten. Und dann wurde ihnen vorge-
worfen, gegen Gottes Gebote zu verstoßen. Wie soll
man ein gutes Selbstwertgefühl entwickeln, wenn

man sich ständig solche Dinge anhören muss? Das ist unmöglich. Da war ich also, dieses verwundete, von seinen Eltern im Stich gelassene Kind, und half diesen Männern, die ebenfalls im Stich gelassen worden waren. Ich verstand sie. Ich verstand, was sie durchgemacht hatten.«

Wie es scheint, war es zu einem nicht geringen Teil Louises tiefes Mitgefühl und Verständnis, weswegen das Leben diese Männer zu ihr führte.

»Richtig heftig wurde es 1987, als ich innerhalb einer Woche in der *Oprah Winfrey Show* und der *Phil Donahue Show* zu Gast war«, erzählt sie. »Die Redaktionen beider Sendungen hatten von meiner Arbeit mit Aidsinfizierten erfahren und wollten, dass ich davon berichtete. Ich nahm fünf Männer mit, die gute Fortschritte machten, und wir gingen zuerst zu *Oprah*. Sie war wunderbar. Sie ermöglichte es uns, unsere Botschaft zu verbreiten – dass wir das ganze Thema mit Liebe behandelten, keine Angst voreinander hatten und dass es vor allem darum ging, uns selbst zu lieben.

Ich richtete das Augenmerk stets darauf, das Positive zu sehen. Als ich mit diesen Männern zu arbeiten begann, war das Erste, was ich zu ihnen sagte: ›Wir werden nicht hier herumsitzen und jammern, wie schrecklich das alles ist.‹ Wir wussten bereits, dass es schrecklich war, und sie konnten überall jammern und sich als Opfer fühlen. Aber bei den von mir geleiteten Treffen wollte ich, dass wir eine positive Haltung einnahmen. Alle, die eine positive Neuigkeit mitteilen oder eine positive Behandlungsmethode vorstellen wollten, konnten dies tun.«

Die Leute wussten also, dass sie Unterstützung, Mitgefühl und gute Erfahrungen erwarteten?

»Ja, alle durften sich einbringen, und niemand wurde verurteilt. Je länger diese Treffen stattfanden, desto mehr Gutes konnte ich den Teilnehmern anbieten. Ich weiß noch, dass uns jemand sechs Massagetische schenkte. An jedem Mittwochabend trugen die Männer diese Tische in den Raum, wo die Treffen stattfanden. Wir stellten die Tische auf und baten jeden, der mit Reiki oder Massagearbeit vertraut war, sich neben einen der Tische zu stellen. So empfingen alle Teilnehmer eine Energiebehandlung. Wir nannten diese Tische nicht ›Heilungstische‹, sondern ›Energietische‹.

Für viele dieser Männer war das in der ganzen Woche die einzige liebevolle Berührung, die sie erhielten. Das bedeutete ihnen sehr viel. Unser Ziel war einfach: sich gut fühlen. Meine Ideen waren immer schon einfach. Je einfacher man an eine Sache herangeht, desto besser funktionieren die Dinge.

Dass wir in einer Woche bei *Oprah* und *Phil Donahue* auftraten, steigerte unseren Bekanntheitsgrad enorm. Ständig klingelten unsere wenigen Telefone, und *Gesundheit für Körper und Seele* stand 13 Wochen auf der Bestsellerliste der *New York Times*. Plötzlich hatte ich eine Firma.«

Zu diesem Zeitpunkt wurde Ihnen also bewusst, dass Sie Unternehmerin geworden waren?

»Ich hatte nicht geplant, ein Unternehmen zu gründen. Aber ich weiß, dass ich mir viele Jahre zuvor einmal gesagt hatte, dass, falls ich je eine Firma besitzen würde, diese Hay House heißen sollte. Und da war diese Firma nun. Erst hatte ich das kleine blaue Buch herausgebracht, dann *Gesundheit für Körper und Seele* und dann zwei Meditationskassetten – eine für den Morgen und eine für den Abend. Ich hatte also vier Produkte im Angebot. Zunächst machte ich alles selbst, aber als die Arbeit zu viel wurde, stellte ich jemanden ein, der mir half. Als die Arbeit noch mehr wurde, stellte ich noch jemanden ein. Von da an wuchs unsere Firma nur sehr, sehr langsam. Wir waren anfangs wirklich sehr klein. Als fünf oder sechs Leute für mich arbeiteten, weiß ich noch, dass ich ihnen 50 Dollar Weihnachtsgeld zahlte. Mehr hatte ich nicht.

Ich betrieb diese Firma von meiner Mietwohnung aus, bis sich einige Nachbarn deswegen beschwerten und ich ausziehen musste. Ich zog in ein anderes Gebäude um, nicht weit entfernt, und sah, dass auf der gleichen Etage eine Buchhalterfirma saß. Wir waren an einem Punkt angekommen, an dem wir einen guten Buchhalter dringend gebrauchen konnten. Also beauftragte ich diese Firma, uns die Bücher zu führen und unsere Steuerangelegenheiten zu regeln. Irgendwann wurde uns klar, dass wir uns finanziell besser stehen würden, wenn wir hierfür eine eigene Kraft beschäftigten. Also stellten wir einen Mitarbeiter der Buchhalterfirma bei uns als Buchhalter ein. Wieder brachte mir das Leben genau das, was ich gerade benötigte, um zu wachsen und mehr Menschen zu helfen. Bevor ich zu einer Reise aufbrach, glaubte ich, wir hätten abgesprochen, einen neuen Mitarbeiter namens Michael einzustellen. Bei meiner Rückkehr nun stellte ich fest, dass stattdessen Reid Tracy eingestellt worden war. Heute ist Reid der Geschäftsführer von Hay House. Er hat sich als absoluter Glücksgriff erwiesen und ist die Idealbesetzung für diese Aufgabe.«

Mir fällt da ein wiederkehrendes Muster auf, sage ich zu Louise. Sehr oft sprechen Sie davon, dass die Dinge allmählich wachsen.

»Ja. Heute wollen viele Menschen den schnellen Erfolg. Wenn wir uns aber auf den spirituellen Pfad begeben und auf das reagieren, was das Leben uns präsentiert, entfaltet sich unsere Arbeit allmählich. Diese Dinge brauchen Zeit, aber dann sind sie auch besonders wirkungsvoll und stark. Alles geschieht dann für uns fast unmerklich. Später schauen wir zurück und denken: *Du meine Güte, ist es nicht wunderbar, wie sich alles zusammengefügt hat?*«

Zusätzlich zum sich maßvoll und allmählich entfal-
tenden Erfolg fielen mir bei Louises spiritueller
Reise weitere Schlüsselelemente auf:

Einfachheit – sich auf einfache, leicht zu bewältigen-
de Schritte konzentrieren, statt die Dinge zu verkom-
plizieren.

Optimismus – lösungsorientiert denken, statt sich auf
Probleme zu konzentrieren und damit Energie zu
vergeuden.

Geduld – sich bewusst auf jeden Schritt der Reise einlassen, statt übereilt ein bestimmtes Resultat erzielen
zu wollen.

Vertrauen – dem Leben vertrauen, indem man in allen Erfahrungen die Vollkommenheit und die Ent-
wicklungschancen sieht.

Wachstum – das Leben als Schule betrachten, in der
wir unsere Erfahrungen als Katalysatoren für Veränderung und Selbstverwirklichung nutzen.

Dienen – sich stärker darauf konzentrieren, wie wir
andere ermutigen und ihnen bei ihrer Entwicklung
helfen können, statt uns in unserer persönlichen Vision und unserem Erfolgsstreben zu verlieren.

Handeln – stets bereit sein, aktiv und tatkräftig die Türen zu durchschreiten, die das Leben für uns auf unserer Reise öffnet.

Glaube – die Bereitschaft, Neues zu wagen und mutig voranzuschreiten, ohne das Resultat im Voraus zu kennen.

Magnetismus – die Fähigkeit, uns immer wieder in einen Bewusstseinszustand zu versetzen, der es uns ermöglicht, das, was wir gerade brauchen, in unser Leben zu ziehen.

Ehe wir unser erstes Arbeitstreffen abschließen, habe ich noch eine letzte Frage an Louise: *Glauben Sie, dass das Leben uns ständig auf die Schulter klopft und uns den richtigen Weg weist, wenn wir nur achtsam sind und die Aufgaben erledigen, die gerade anstehen?*

»Ich denke, dass wir damit ausreichend beschäftigt sind«, erwidert sie. »Es gibt ja viele Leute, die Lebensziele brauchen – ein Einjahresziel oder ein Fünfjahresziel. Zu denen habe ich nie gehört. Ich habe nie wirklich versucht, etwas zu tun, was genau definiert war oder einen sehr engen, präzisen Fokus hatte. Meine Frage lautete immer: *Wie kann ich den Menschen helfen?* Diese Frage habe ich mir Tausende Male gestellt, und ich frage mich das heute immer noch. Wenn ich all die schwierigen Probleme in der

Welt sehe, wird mir klar, dass ich vielleicht nichts Spezifisches tun kann, aber ich kann diese Frage stellen – *Wie kann ich helfen?* – und die Absicht energetisch projizieren.

Wenn wir erst einmal verstanden haben, wie das funktioniert, und dann auf diesen Prozess vertrauen, wird alles ganz einfach: Wir brauchen nur noch ans Telefon zu gehen und die Post zu öffnen.«

2.

Ein außergewöhnliches Leben erschaffen

»Wir sind mächtige schöpferische Wesen, und mit jedem Gedanken, den wir denken, und jedem Wort, das wir aussprechen, erschaffen wir unsere Zukunft.« So lautet Louises erster Satz zu Beginn unseres zweiten Gesprächs.

Wir sitzen einander in meinem Hotelzimmer gegenüber, bequem ausgestreckt vor dem Fenster, von dem aus man einen herrlichen Blick auf Toronto hat. Es ist ein schöner, sonniger Nachmittag. Und während ich über diesen Satz Louises nachdenke, wird mir klar, dass dies eine der wichtigsten Botschaften überhaupt ist:

In unserem reinsten, positivsten Bewusstseinszustand sind wir die mächtigen Schöpferinnen und Schöpfer unseres bestmöglichen Lebens.

Wenn wir gute Gedanken denken, fühlen wir uns gut. Und wenn wir uns gut fühlen, treffen wir gute Entscheidungen. Wenn wir uns gut fühlen und gute

Entscheidungen treffen, ziehen wir mehr gute Erfahrungen in unser Leben. Es ist wirklich so einfach …
und elegant … und wahr.

Die Wissenschaft sagt uns, dass Energiewellen der
»Stoff« des Universums sind und dass jeder Gedanke, den wir denken, einen unmittelbaren Effekt auf
uns selbst und unsere Umwelt hat. Der Stuhl, auf
dem ich sitze, die Tastatur, auf der ich schreibe, und
die wunderschöne Magnolie draußen vor meinem
Fenster – das alles besteht aus Energie. Und die Ge-
schwindigkeit, mit der ein Objekt schwingt, bestimmt über die Dichte seiner Form. Diese Energie
wird unmittelbar durch unsere Gedanken, Worte
und Handlungen beeinflusst. *Diese Gedanken, Worte
und Handlungen lösen Gefühle aus; und unsere Gefühle
sind die Währung, mit der wir unsere Lebenserfahrungen kaufen.*

Während ich mit Louise darüber spreche, wie unsere Gedanken unser Leben beeinflussen, wird mir
noch bewusster, wie bedeutsam und machtvoll diese
Idee ist. So viel von dem, was wir beide glauben,
lehren und praktizieren, beruht auf einer Philoso-
phie, die von vielen immer noch als weit hergeholtes
New-Age-Konzept und bestenfalls als starke Verein-
fachung betrachtet wird.

Für einen Moment stelle ich mir vor, wie ich das
Web, meine persönliche Bibliothek oder die Ansich-
ten meiner Kollegen in der Wissenschaftsgemeinde

nach soliden Beweisen durchforste, die unsere Ideen untermauern können. Ich verteidige die spirituellen Prinzipien nicht länger, von denen ich mich leiten lasse und die mein Leben geformt haben. Sie funktionieren, und ich weiß das. Louise und ich wissen es beide.

Während wir an diesem Nachmittag unser Gespräch fortsetzen, zeigt es sich, dass Louise und ich beide von Autoren des Neuen Denkens wie Emmet Fox und Florence Scovel Shinn beeinflusst wurden, die ihre Leser dazu ermutigten, die Kraft der Gedanken zu nutzen, um ihr Leben zu ändern und zu verbessern. Und indem wir diese Prinzipien in unserem eigenen Leben anwandten, ist es Louise und mir gelungen, Gelegenheiten und Erfahrungen zu manifestieren, die unserer Ansicht nach die Macht der Gedanken eindeutig beweisen. Und diese Beweise haben uns in unserem Glauben bestärkt.

Auch wenn die Wissenschaft anekdotische Beweise von Menschen ignoriert, die eine Heilung oder die schöpferische Kraft des Denkens erlebt haben, sind diese Berichte wichtig. Sie sind Vorboten der Veränderung und Katalysatoren für einen Bewusstseinswandel, der unsere zukünftige Lebensweise bestimmen wird. Wundersame Geschichten und außergewöhnliche Erfahrungen führen uns oft zu einem tieferen Verständnis. Sie laden uns ein, Herz und Bewusstsein zu öffnen, was es uns ermöglicht, an

Dinge zu glauben, die *außerhalb* unseres begrenzten Denkens existieren. Und genau das ist der Punkt.

Evolutionäre Bewusstseinssprünge beginnen oft mit Ideen, die magisch oder verblüffend erscheinen. Überlegen Sie einmal, wie verrückt die Idee, im eigenen Wohnzimmer bewegte Bilder auf einem Kasten sehen zu können, auf Menschen gewirkt haben muss, die noch nie etwas vom »Fernsehen« gehört hatten. Eine verrückte, scheinbar undurchführbare Idee hat das Leben der ganzen Menschheit für immer verändert.

Als Pionierin auf dem Gebiet der Geist-Körper-Verbundenheit und des ganzheitlichen Bewusstseins hat Louise ihre Leser dazu herausgefordert, ihr Denken zu erweitern, indem sie ihnen empfahl, körperliche Beschwerden mit metaphysischen Techniken zu behandeln. Statt sich allein auf die konventionellen Behandlungsmethoden für Krankheiten zu beschränken, ermunterte sie die Menschen dazu, sich bewusst zu werden, wie sie über ihre Krankheit *denken*. Indem Louise die Verbindung zwischen dem Bewusstsein und dem Körper aufzeigte, ermöglichte sie es anderen, das zu entdecken, was sie zuvor selbst erlebt hatte: dass unsere Gedanken eine wesentliche Rolle bei der Heilung unseres Körpers spielen. Den Beweis dafür hat Louise immer wieder in den lächelnden Gesichtern von Männern und Frauen gesehen, denen es auf diese Weise gelang, ihren Körper und ihr Leben zu heilen. Für Louise und die vielen Menschen, denen sie auf dem Weg der Heilung geholfen hat, ist das Beweis genug.

Wenn wir uns die Kraft der Gedanken nutzbar machen wollen, müssen wir einfach auf neue Weise handeln und darauf vertrauen, dass das Leben uns die Beweise liefern wird. Daher werde ich nicht länger versuchen, den wissenschaftlichen Beweis zu erbringen, dass Gedanken die physische Realität beeinflussen, sondern verlasse mich stattdessen auf meine eigenen, aus dem wirklichen Leben gegriffenen anekdotischen Beweise. Ist diese Entscheidung einmal getroffen, geschieht etwas sehr Interessantes.

Als ich später an diesem Tag mit meinem Mann Michael im Supermarkt einkaufen ging, blieb ich in der Blumenabteilung stehen, um einige Orchideen zu betrachten. Eine ganze Weile stand ich dort, fasziniert von ihren leuchtenden Farben und den exquisiten Formen ihrer Blütenblätter. Ich überlegte, eine zu kaufen, kam jedoch wieder davon ab, abgelenkt durch die laute Unterhaltung zweier anderer Kundinnen.

Als ich am nächsten Tag von einer Besprechung nach Hause kam, lag vor meiner Haustür eine große Schachtel. Ich trug sie nach drinnen, und als ich sie öffnete, fand ich darin eine prächtige weiße Orchidee. Sofort erinnerte ich mich an meine Überlegung vom Vortag und betrachtete dieses Geschenk als

Resultat fokussierten positiven Denkens. Ich liebe Blumen und ich habe es immer wieder erlebt, dass dann, wenn ich meine Energie zu ihnen fließen lasse – selbst auf scheinbar unbedeutende Weise –, ein starkes Signal ans Universum gesendet wird. Ich glaube, dass durch dieses Signal die Blumen regelrecht in mein Leben gezogen werden. Diesmal war das Signal offenbar noch stärker als sonst gewesen. Zwei Tage später schickte mir eine Freundin von der Westküste ein Geschenk … noch eine schöne weiße Orchidee.

Was wir in die Welt hinaussenden, hat einen starken Einfluss darauf, was wir zurückerhalten. Die meisten von uns erleben das täglich, aber wir stellen nie bewusst einen Zusammenhang her. Louise sagt zu mir: »Wir beide befinden uns in ständiger Kooperation mit dem Leben und wir möchten die Menschen dazu anregen, ebenfalls diese Kooperation zu praktizieren, damit auch sie in ihrem eigenen Leben die Beweise entdecken. Wir müssen einfach geistig offen bleiben und unseren eigenen Erfahrungen trauen.« Wie recht sie damit hat. In jedem Augenblick sehen, fühlen, senden wir und wir beeinflussen die Energie auf Wegen, die wir uns, wenn überhaupt, nur sehr selten bewusst machen.

Ist es Ihnen schon passiert, dass Sie einen Raum betraten und sofort wussten, dass jemand in Ihrer Nähe wütend war? Oder haben Sie einem Fremden in die Augen geschaut und wurden von Mitgefühl, Verständnis oder Liebe regelrecht überwältigt? Das geschieht, wenn wir Energie *empfangen.* Wir stimmen uns auf unsere Umwelt ein, nehmen die Schwingung auf und empfangen Informationen darüber, was gerade geschieht, oft ohne dass dies einer Diskussion oder einer Erklärung bedarf.

Natürlichen *senden* wir auch Energie. Hatten Sie je Angst davor, krank zu werden, und haben Sie sich gefragt, ob diese Sorge dazu beitragen könnte, dass sich die Krankheit tatsächlich manifestiert? Oder haben Sie sich etwas so sehr gewünscht, dass Ihre Konzentration auf das Gewünschte bewirkte, dass es wie durch ein Wunder plötzlich in Ihr Leben trat?

Solche Dinge können geschehen, wenn wir Energie senden. Indem wir in Form unserer Gedanken, Worte und Handlungen Signale aussenden, beeinflussen wir auf energetische Weise unsere Umwelt – und somit auch unsere Lebenserfahrungen.

Vor Jahren wurde mir auf besonders eindrucksvolle Weise vor Augen geführt, welche Macht die von uns ausgesendete Energie hat.

Nach einem Jahr voller Reisen und Vorträge fühlte ich mich erschöpft und kreativ blockiert. Während

dieser Zeit war ich zu einer geschäftlichen Besprechung im Miraval Resort & Spa in Tucson, Arizona,
verabredet. Ehe ich dorthin fuhr, kontaktierte ich
meinen Freund und Kollegen Wyatt Webb, den
Autor von *It's Not about the Horse.*

Wyatt hat dort die Equine Experience (dt. etwa
»Pferde-Erfahrung«) ins Leben gerufen – eine Methode, die den Umgang mit Pferden als Spiegel dafür benutzt, wie Menschen zueinander und zur Welt
in Beziehung treten. Ich vertraute Wyatt und wusste,
dass er ein einfühlsamer, erfahrener Führer ist, der
mir bestimmt helfen konnte, den Grund herauszufinden, warum ich mich so blockiert fühlte, und mich
dann von dieser Blockade zu befreien.

Auf dem Weg zu seinen Pferdeställen tauschten
Wyatt und ich uns über unser Leben aus. Als wir
zum Round-Pen kamen, entdeckte ich einen alten
Freund. Hinter dem Zaun, im Schatten unter Bäu-
men, stand Monsoon.

Monsoon hat ein Stockmaß von einem Meter drei-
undsiebzig und wiegt fast 550 Kilo – und obwohl
ich dieses großartige Geschöpf von früheren Besuchen in Miraval kannte, spürte ich, wie ich ängstlich
wurde, als Wyatt mich zu ihm führte. Ich betrat den
Pen, neugierig, was Monsoon mich lehren würde.

Wyatt und ich sprachen eine Weile darüber, was
ich fühlte und welche Veränderungen während der
letzten Jahre in meinem Leben stattgefunden hat-

ten. Wyatt hörte mir aufmerksam zu und beobachtete meine Körpersprache. (Er ist ein Meister darin, aus dem, was außen vorgeht, auf das zu schließen, was in uns vorgeht.) Dann sagte er nachdrücklich: »Weißt du, was passiert, Cheryl? Ich glaube, du bist mächtig sauer. Und diese unterdrückte Wut blockiert deine Energie.«

Während ich seine Worte hörte, gab ich mir alle Mühe, einen Schutzwall zwischen Wyatt und meinen immer schwerer kontrollierbaren Emotionen zu errichten. Ich wich einen Schritt zurück und schaute weg. Aber ich wusste, dass ich Hilfe brauchte, und ich vertraute Wyatt genug, um meine Gefühle herauszulassen. Also ließ ich die Tränen fließen.

Wyatt stand neben mir, ein schweigender Zeuge meines Schmerzes und Ärgers. Als ich zu weinen aufhörte, erklärte er mir sanft, dass meine Wut der Schlüssel zu meiner Kraft sei – und wenn ich nicht bereit wäre, sie zu fühlen, würde ich das wahre Potenzial meines nächsten Lebensstadiums niemals wirklich entfalten können.

»Du hast eine Menge Kraft in deinem Körper«, sagte er zu mir. »Doch solange du nicht bereit bist, die Wut zu durchleben, kannst du keine Verbindung zu der Energie herstellen, die darunter verborgen liegt, und deshalb fühlst du dich blockiert.«

Was als Nächstes geschah, erstaunt mich bis zum heutigen Tag.

Wyatt führte mich zu Monsoon, der dicht am Zaun stand und den Boden beschnüffelte. Sein Kopf war von uns weggedreht, sein Körper befand sich parallel zum Zaun. Als wir noch etwa sechs Meter von der Hinterhand des Pferdes entfernt waren, sagte Wyatt: »Ich möchte, dass du deine Energie benutzt, um dieses Pferd dazu zu bringen, dass es sich zu uns umdreht und uns anschaut.«

»Du willst, dass ich das Pferd mit meinen Gedanken dazu bringe, sich zu bewegen?«

»Nein«, erwiderte Wyatt. »Ich möchte, dass du das Pferd mit deiner Energie bewegst. Schließ die Augen, atme ein paarmal tief durch und sag dem Pferd, dass es sich *bewegen soll*!«

Ich stand sehr still, schloss die Augen und konzentrierte mich, so stark es ging, darauf, das Pferd in Bwegung zu versetzen, während ich in Gedanken schrie: BEWEG DICH, BEWEG DICH! Monsoon rührte sich nicht.

Wyatt kam näher zu mir. In seiner direkten und doch leisen Cowboy-Redeweise sagte er: »Mach es nicht mit dem Kopf, Cheryl. Mach es mit dem *Bauch.*« Er pikte mich sanft in die Magengegend. »Beweg das Pferd von hier aus.«

Wieder schloss ich die Augen. Mit jedem Atemzug stellte ich mir vor, dass ich in meinem Bauch eine wachsende Masse intensiver Energie erzeugte. Dann, als ich bereit war, stellte ich mir vor, diese

Energie aus meinem Körper zu Monsoon fließen zu lassen, während ich mich auf die Absicht konzentrierte, dass er sich bewegen sollte. Nach wenigen Augenblicken hob er den Kopf, schaute zu uns zurück und ging eine Runde im Kreis, um sich dann so hinzustellen, dass er mich ansah, mir direkt in die Augen blickte.

Sprachlos stand ich da und starrte Monsoon an. Dann drehte ich mich zu Wyatt um. Er sagte: »Nun stell dir mal vor, was du mit dieser Energie für dich und für andere Gutes in der Welt bewirken kannst.«

Diesen Augenblick und diese Botschaft habe ich nie vergessen.

Wir alle sind wunderbare Kommunikationsmaschinen. Jeder Mensch ist ein lebendiges Funkgerät, das in jedem Augenblick des Tages Signale aussendet und empfängt. Wie die im Nachthimmel funkelnden Sterne leben und atmen wir in einem einheitlichen Feld aus Energie, das uns alle miteinander verbindet. Jede Bewegung, jeder beiläufige oder auch zufällige Gedanke geht hinaus in dieses Feld und beeinflusst es.

Wenn wir lernen, besser auf die Signale zu achten, die wir empfangen und senden, machen wir uns damit eine gewaltige schöpferische Macht zu eigen, die sich nicht nur auf uns selbst auswirkt, sondern auf alle und alles um uns herum. Mit wachsender

Übung wächst unsere Fähigkeit, dieses energetische Netzwerk zu nutzen und das Leben besser zu machen, indem wir unseren Sender – unsere Gedanken – auf positive Frequenzen einstimmen.

Bei unserem Treffen in meinem Hotelzimmer in Toronto erzählt Louise eine Geschichte, die diesen Punkt sehr schön veranschaulicht. »Auf der Fahrt zum Büro dachte ich an einen ärgerlichen Brief, den ich gerade erhalten hatte«, sagt sie. »Ich war wütend und schimpfte in meinen Gedanken mit der Person, die mir den Brief geschickt hatte. Aber dann merkte ich, was ich da tat, und hielt inne. Diese Art zu denken bewirkte nun wirklich nicht, dass ich mich gut fühlte. Also hielt ich am Straßenrand an und sagte Dinge zu mir, die bewirkten, dass ich mich besser fühlte. Ich sagte solche Sachen wie:

Liebevoll löse ich mich von diesem Vorfall.
Er ist vorbei und liegt hinter mir.

Erwartungsvoll blicke ich dem nächsten Augenblick entgegen. Er ist frisch und neu.

Nur gute Erfahrungen liegen vor mir.

Liebe erwartet mich, wo immer ich hingehe.

Ich liebe das Leben, und das Leben liebt mich.

Alles ist gut, also auch ich.

Es dauerte nur wenige Augenblicke, dann war ich wieder auf positivem Kurs und fuhr weiter. Ich schaltete das Radio ein, und es umfing mich ein hinreißendes, inspirierendes klassisches Musikstück, das ein strahlendes Lächeln in mein Gesicht zauberte. Da wusste ich, dass eine Veränderung eingetreten war.

Als ich den Wagen parkte, fühlte ich mich wieder viel besser. Ich betrat den Verlag, und eine Mitarbeiterin, die mir entgegenkam, begrüßte mich mit ›Ich liebe Sie‹. Auf meinem Schreibtisch erwartete mich eine Vase voller Blumen – ein Geschenk von der Ehefrau eines Mitarbeiters. Und ich fand heraus, dass ein Problem, das ich an diesem Tag bei einem Meeting diskutieren wollte, längst zu meiner Zufriedenheit gelöst war, sodass ich gar nicht mehr an dem Meeting teilnehmen musste. In diesem Moment sagte ich laut: ›Danke. Danke. Danke.‹«

Während ich dem Bericht Louises lausche, notiere ich die erste Anweisung, die sie sich selbst erteilte: »Ich sagte Dinge zu mir, die bewirkten, dass ich mich besser fühlte.« Was für ein schönes Beispiel dafür, *dass unser erster, wichtigster Akt der Selbstliebe darin besteht, uns um unsere Gedanken zu kümmern.* Davon profitieren nicht nur wir selbst, sondern auch alle anderen.

Indem Louise, als sie sich bei diesem negativen Selbstgespräch ertappt hatte, sofort mit einem liebevollen inneren Dialog reagierte, sendete sie eine energetische Botschaft an das Leben. Und das Leben antwortete darauf, indem es nicht nur Louise inspirierte, sondern auch die Erfahrungen der Menschen in ihrer Umgebung reicher und schöner werden ließ.

Um es noch einmal zu betonen: Ihre Gedanken beeinflussen ganz unmittelbar Ihr Leben. Man kann leicht in eine Diskussion darüber hineingeraten, wie dieses Prinzip funktioniert, ob es überhaupt funktioniert und ob Gedanken tatsächlich Realität erschaffen. Doch solche Diskussionen sind, als würde man kostbare Energie darauf verschwenden, darüber zu debattieren, wie das Radio funktioniert, statt einfach seinen Lieblingssender einzuschalten; oder als würde man die Rechtmäßigkeit des Internets anzweifeln, statt es einfach zur Kommunikation und als Informationsquelle zu nutzen.

In der heutigen Zeit spirituelle Methoden anstelle von intellektuellen einzusetzen erfordert Vertrauen und eine offene Geisteshaltung. Doch spirituelle Methoden machen das Leben leichter und lohnender.

»Einmal nahm ich an einem Seminar mit Virginia Satir teil, der international bekannten Pionierin der Familientherapie«, erzählt Louise. »Sie sprach darüber, dass sie mit Studenten eine Studie durchführte, in der es darum ging, auf welche Weise man Geschirr waschen kann. Als sie die Antworten der Studenten auswertete, kam sie auf *250 unterschiedliche Arten des Geschirrspülens*, und jeder Befragte hielt seine Methode für die einzig richtige. Wenn wir uns geistig gegen neue Ideen und neue Methoden sperren, entdecken wir möglicherweise nie, dass viele Dinge sich auch einfacher und besser erledigen lassen.

Cheryl, wir beide versuchen, den Menschen einen einfacheren Weg aufzuzeigen, wie sie ein außergewöhnliches Leben führen können. Wenn sie das Konzept verstehen und praktisch umsetzen – indem sie Gedanken denken und Entscheidungen treffen, die bewirken, dass sie sich wohlfühlen –, gelangen sie in einen Zustand der fließenden Harmonie mit dem Universum. Dann geschehen Wunder.

Und das sind die Beweise, die sich die Menschen wünschen. Es werden sich Dinge ereignen, die ihre kühnsten Träume übertreffen.«

Sie sind eine wunderbare spirituelle Maschine. Gerade jetzt existieren in Ihrem Körper 50 Milliarden Zellen, die alle zusammenarbeiten und Sie in die Lage versetzen, diesen Satz zu lesen. Ihre Zellen diskutieren und streiten nicht. Sie hinterfragen nicht, wie die Dinge funktionieren. Sie wetteifern nicht darum, wer klüger oder effizienter ist. Sie wirken in wunderbarer Harmonie zusammen und ermöglichen es so der Maschine, die Sie »Ihren Körper« nennen, jederzeit bestmöglich zu funktionieren. Was für ein Wunder!

Dieses harmonische Zusammenspiel findet in gleicher Weise in der Außenwelt statt. Tagtäglich arbeitet unser kreatives »Geld« für uns – das heißt, unsere Gedanken, Worte, Handlungen und Gefühle arbeiten in göttlicher Kooperation mit der Energie des Universums zusammen. So wird unser Leben erschaffen. Wenn wir unsere Energie in positiver Weise fokussieren, ist es erheblich wahrscheinlicher, dass wir gute Erfahrungen erzeugen. Es ist wirklich so einfach.

Anfangs kann es eine ziemliche Herausforderung sein, diese schöpferische Macht für sich zu beanspruchen und klug zu nutzen. Schließlich wurden die meisten von uns dazu erzogen, in Angst zu leben und defensiv zu denken und zu handeln – also sich stets auf das zu konzentrieren, was nicht funktioniert, was vielleicht schiefgehen könnte oder was an unserem Leben nicht gut ist.

Es genügt schon, sich ein paar Minuten lang die Fernsehnachrichten anzusehen oder die Schlagzeilen in der Zeitung oder auf einer Nachrichten-Webseite zu lesen, um zu erkennen, worauf die kollektive Aufmerksamkeit gerichtet ist. »Gefahren, die in unserem Trinkwasser lauern.« »Die Wirtschaft befindet sich wieder auf Talfahrt.« »Zehn Gründe, warum Sie Ihre Kinder stets gut beaufsichtigen sollten.« ... Solche pausenlosen Angst erzeugenden Botschaften können sich sehr schädlich auswirken, oft ohne dass wir uns dessen bewusst sind.

Mit der Zeit werden wir regelrecht süchtig nach negativen Sensationsgeschichten, Unterhaltungen voller nutzloser Dramen und ständig wiederkehrenden destruktiven Gedanken. Ist dieser Teufelskreis einmal in Gang gesetzt, hört er nicht von selbst wieder auf. Man muss wachsam darauf achten, bewusst gute Entscheidungen zu treffen und gute Gedanken zu denken, also an jeder Wegbiegung Schlechtes durch Gutes zu ersetzen.

Wenn wir immer wieder in diese angstvolle, deprimierende Energie eintauchen, wird die Negativität dadurch aufrechterhalten.

Nehmen wir einmal an, Sie entwickeln die Angewohnheit, sich jeden Tag Reality-TV anzuschauen, wo die Abgründe des Menschseins in sehr eindringlicher Weise vorgeführt werden. Dann kann es sein, dass Sie schon bald von Leuten umgeben sind, die in ihrem Alltag von Krise zu Krise stolpern.

Oder Sie lassen sich am Arbeitsplatz in unnötige zwischenmenschliche Dramen verwickeln und tragen Ihrerseits dazu bei, diese negative Energie aufrechtzuerhalten, indem Sie sich am Kollegentratsch beteiligen oder sich beklagen, was in Ihrem Leben alles nicht funktioniert.

Ohne es zu merken, entwickeln wir Denk- und Verhaltensmuster, die bewirken, dass unser Sender nach negativen Signalen sucht *und* selbst solche aussendet, wodurch nur noch mehr Negativität und schwierige Erfahrungen in unserem Leben erzeugt werden. Und diese Muster können unser ganzes Selbstbild prägen. So verfangen wir uns täglich in negativen Endlosschleifen und bewerten uns selbst als fehlerbehaftet, schlecht oder minderwertig.

Louise sagt dazu: »Wenn Sie sich selbst hassen, negative Selbstgespräche führen, sich sagen, wie hässlich Sie sind, oder den Blick in den Spiegel vermeiden, werden Sie anfangen, sich sehr unwohl zu fühlen. Sie fühlen sich dann überhaupt nicht gut. Sie werden kaum Freude an Ihrem Leben haben, und es wird nur sehr wenig Gutes zu Ihnen gelangen. Aber wenn Sie etwas so Einfaches tun wie etwa, in den Spiegel zu schauen und zu sagen, dass Sie sich lieben, selbst wenn Ihnen das schwerfällt oder Sie nicht wirklich daran glauben, verändert sich Ihre Energie. Dann werden Sie sich besser fühlen, während Sie durch Ihren Tag gehen, und bessere Situationen und Erlebnisse anziehen. Es passieren kleine erfreuliche Überraschungen, zum Beispiel finden Sie im dichtesten Verkehr sofort einen Parkplatz, oder alle Ampeln springen für Sie auf Grün.«

Ich frage mich, wie das alles begonnen hat. Wie konnte es geschehen, dass wir so sehr den Kontakt zu dieser Macht verloren haben, die unser Leben formt? Ich stelle Louise diese Frage.

»Als Kinder hören wir vom ersten Tag an von den Erwachsenen die Worte *Stopp* und *Nein*«, antwortet sie. »Es ist für uns normal geworden – obwohl es überhaupt nicht natürlich ist –, uns stärker darauf zu konzentrieren, was wir nicht können, nicht dürfen. Wir konzentrieren uns auf die einengenden Glaubenssätze, die uns in unserer Entwicklung hemmen, statt auf unsere wahren, großartigen Möglichkeiten. Es gibt in dieser Welt unzählige Menschen, die jedes Gespräch mit einer negativen Aussage beginnen. Das ist für sie normal geworden, eine feste Gewohnheit. Solche Leute kommen herein und begrüßen Sie mit: ›Oh, du meine Güte, ich wäre beinahe über diese Stufen gestolpert.‹ Nach einer Weile geht ihnen das in Fleisch und Blut über. Es ist ihnen gar nicht mehr bewusst, dass sie ständig etwas Negatives sagen. Das kann man überall beobachten.

Vor ein paar Wochen betrat ich einen Laden, um mir etwas zum Anziehen zu kaufen. Ich fand ein paar Kleidungsstücke, die ich kaufen wollte, und als ich gerade bezahlen wollte, hörte ich zufällig das Gespräch dreier Kundinnen. Schnell wandte sich ihre Unterhaltung negativen Erlebnissen zu, und sie versuchten, sich gegenseitig mit unerfreulichen Schilde-

rungen zu übertreffen. Ich ließ mir meine Kreditkarte zurückgeben und sagte: ›Ich komme später
wieder. Diese Negativität ist mir zu viel.‹ Also ver-
ließ ich das Geschäft und kam erst geraume Zeit
später zurück. Ich fragte das Mädchen an der Kasse:
›Ist diese Unterhaltung denn nun vorbei?‹ Sie lachte,
während ich meinen Einkauf beendete.

Die Menschen fühlen sich von positiven Erfahrungen magnetisch angezogen. Diese drei Frauen hatten keine Ahnung, dass ihr negatives Gespräch eine
Kundin aus dem Laden vertrieb – und ich bin sicher,
es gab auch noch andere potenzielle Käuferinnen,
die wegen ihnen gleich wieder hinausgingen, ohne
ein Wort zu sagen.«

Also setzen wir unsere Reise fort, bei der wir das
Positive betonen?, frage ich mit einem Lächeln.

»Wissen Sie, es gibt so viele wunderbare Lehrer –
Dr. Wayne Dyer, Abraham, Dr. Christiane North-
rup. Sie alle verkünden die gleiche Botschaft«, sagt
Louise. »Ich glaube, das eigentliche Ziel des Lebens
besteht darin, sich gut zu fühlen. Wir wünschen uns
Geld, weil wir uns besser fühlen wollen. Wir wünschen uns Gesundheit, weil wir uns besser fühlen
wollen. Wir wünschen uns eine schöne Liebesbezie-
hung, weil wir uns besser fühlen wollen. Würden
wir es uns also einfach zum Ziel setzen, uns gut zu
fühlen, könnten wir uns eine Menge Arbeit sparen.
Wie kann ich mich jetzt in diesem Moment wirklich

gut fühlen? Welche Gedanken kann ich *hier und jetzt* wählen, um mich besser zu fühlen? Das sind die Fragen, die wir uns immer wieder stellen sollten.«

Während ich das Diktiergerät nun ausschalte und meine Sachen zusammenpacke, denke ich: *Amen, Schwester.*

3.

So, wie der Tag beginnt,
geht er weiter

Ich verbringe den Vormittag damit, in Covent Garden spazieren zu gehen. Es ist Frühherbst, und die Straßenkünstler und Kunsthandwerker bereiten sich auf den täglichen Besucheransturm vor. Ich liebe London. Ich liebe die Vielfalt, die Freundlichkeit der Menschen und das überwältigende Angebot an Mode, Restaurants, Geschäften und Cafés.

Louise und ich sind wegen einer Veranstaltung hierhergekommen, und am Nachmittag haben wir ein weiteres Arbeitstreffen für dieses Buch eingeplant. Ich freue mich so sehr darauf! Obwohl wir erst kurze Zeit gemeinsam an dem Buch arbeiten, spüre ich in meinem Leben schon deutliche positive Auswirkungen. Zum Beispiel achte ich während des Tages viel mehr auf meine Gedanken. Ich halte viel schneller inne, wenn ich merke, dass ich über etwas Unerfreuliches nachgrübele. Auch wäge ich meine Entscheidungen, beruflich und privat, danach ab, ob sich ein Wohlgefühl einstellt. Wenn etwas sich nicht gut anfühlt, wird *Nein* zu meiner automatischen Antwort. Wie wunderbar es ist, während der Arbeit an einem Buch zu wachsen und zu lernen …

Als ich an die Tür von Louises Hotelzimmer klopfe, begrüßt sie mich mit ihren funkelnden blauen Augen und einem strahlenden Lächeln. Ich fühle mich sofort willkommen. Wir plaudern ein wenig darüber, wie wir den Morgen verbracht haben, und wenden uns dann unserem Buchprojekt zu. Ich mache es mir am Couchtisch gemütlich, schalte das Diktiergerät ein und beginne unsere Sitzung, indem ich Louise frage, was sie denn gerade bezüglich des Buches beschäftigt.

»Wir müssen den Leuten zeigen, wie sie ihren Tag gut beginnen«, antwortet sie mit Nachdruck. »Die erste Stunde am Morgen ist entscheidend. Wie man sie verbringt, bestimmt darüber, wie der restliche Tag verläuft.«

Es geht also sofort los! Louises Leidenschaft ist offensichtlich. Ich muss lauthals lachen, als diese elegante Frau die Lektion mit folgendem Satz beginnt: »Zu viele Menschen beginnen ihren Tag mit: ›Oh Scheiße! Wieder ein neuer Tag, und ich muss es irgendwie aus dem Bett schaffen, verdammt!‹ Wenn Sie Ihren Tag auf lausige Art beginnen, wird

es niemals ein guter Tag werden – das ist nicht möglich. Wenn Sie sich alle Mühe geben, Ihren Tagesanfang schrecklich zu gestalten, wird der ganze Tag
schrecklich werden.«

Während ich ihr zuhöre, fühle ich mich an die
Zeit erinnert, als ich Mitte 20 war und ein intimes
Verhältnis zu der Schlummertaste auf meinem Wecker hatte. Damals machte ich ein Spiel daraus, wie
lange ich im Bett herumtrödeln konnte, ehe ich
mich endlich aufrappelte, um zur Arbeit zu gehen.
Ich mochte mein Leben nicht besonders und ganz
sicher freute ich mich nicht auf meine Arbeit.

Jetzt, während ich hier mit Louise zusammensitze,
denke ich an die Millionen von Männern und Frau-
en, die täglich auf die Schlummertaste drücken und
den Morgen mit Furcht oder Unlust begrüßen. Ich
muss förmlich zusammenzucken, wenn ich an die
energetische Botschaft denke, die dadurch in die
Welt hinausgeschickt wird: *Ich will nicht aufwachen.
Ich hasse es, heute zur Arbeit gehen zu müssen. Ich will
lieber weiterschlafen, als mich meinem jämmerlichen
Leben zu stellen.*

Wenn Menschen so denken, bringt ihnen das immer nur neue negative Erfahrungen ein.

Wenn Sie erkennen, dass durch die Art, wie Sie
Ihren Tag beginnen, ein Denkmuster in Gang gesetzt wird, das bestimmt, welche Erfahrungen Sie
während des gesamten Tages machen, können Sie

eine Wende herbeiführen. Es interessiert mich, wie Louise ihren Tag beginnt, und ich frage sie danach.

»Seit Jahren habe ich da ein kleines Ritual. Sobald ich aufwache, kuschele ich meinen Körper noch ein wenig tiefer ins Bett, fühle die gemütliche Wärme und danke für meinen guten, erholsamen Schlaf. Während ich für ein paar Minuten gemütlich daliege, beginne ich meinen Tag mit positiven Gedanken. Ich sage zu mir Dinge wie: *Dies ist ein guter Tag. Das wird ein wirklich guter Tag werden.* Dann stehe ich auf, mache mich im Badezimmer frisch und danke meinem Körper dafür, dass er so gut funktioniert. Ich verbringe etwas Zeit mit Dehnübungen. Im Durchgang zu meinem Badezimmer habe ich eine Stange anbringen lassen, an die ich mich hänge – ich ziehe meine Knie dreimal hoch bis vor die Brust und hänge mich dann einfach an die Stange. Ich habe festgestellt, dass dieses Dehnen und Hängen am Morgen eine sehr gute Sache ist.«

Ich stelle mir vor, wie Louise an einer Stange vor ihrer Badezimmertür hängt, und in Gedanken gehe ich durch mein Haus und überlege, wo dort eine geeignete Stelle wäre, um ebenfalls eine Stange anzubringen. Diese Idee gefällt mir. Eine solche morgendliche Hängeübung macht bestimmt Spaß.

»Nach ein paar weiteren Dehnübungen mache ich mir einen Tee und gehe mit der Tasse wieder ins Bett. Ich liebe mein Bett. Ich habe das Kopfteil in

einem für mich besonders angenehmen Winkel anbringen lassen, sodass ich mich dagegen lehnen
kann, wenn ich im Bett lese oder schreibe. Dieses
Kopfteil begleitet mich schon seit Jahren. Es ist ein
Beispiel dafür, wie man sich sein Schlafzimmer indi-
viduell und behaglich einrichten kann, sodass man
sich dort wirklich gerne aufhält.«

Was macht Ihr Schlafzimmer noch zu etwas Be-
sonderem?

»Dass ich darin bin«, erwidert Louise mit einem
breiten, kindlichen Lächeln. Während wir beide lachen müssen, bin ich versucht, zu ihr zu gehen und
das kleine Mädchen, das ich in diesen funkelnden
Augen sehe, in die Wange zu kneifen. Ich zügele
jedoch mein eigenes inneres Kind rasch und lasse
Louise fortfahren.

»Wenn ich wieder im Bett bin, lese ich etwas spirituelle Literatur. Für gewöhnlich lese ich mehrere
Bücher gleichzeitig.« Ich unterbreche sie kurz, um
herauszufinden, welche Bücher das momentan sind.
»Nun, ich habe mein eigenes Buch *Herzensweisheiten*
dabei, weil es leicht ist, daraus ein paar kurze Ab-
schnitte zu lesen. Und außerdem liegt Alan Cohens
A Deep Breath of Life griffbereit. Derzeit lese ich erneut *Das Lebensspiel und seine Regeln* von Florence
Scovel Shinn. Das ist ein sehr gutes Buch. Wenn
nach dem Entspannen und Lesen noch Zeit dafür
ist, löse ich ein Kreuzworträtsel. Erst dehne ich mei-

nen Körper und dann dehne ich meinen Geist. Das ist mein Morgenritual. Damit starte ich in den Tag.«

Louises Morgenroutine scheint mir die perfekte Art und Weise, den Tag zu beginnen. Ich frage mich, wie viel Zeit sie dafür benötigt.

»Ich versuche, mir zwei Stunden Zeit zu nehmen, bevor ich die ersten Leute sehe. Ich mag es, die Dinge auf entspannte Weise zu tun«, erzählt sie. »Ich habe gelernt, mir Zeit zu lassen. Vielleicht sitze ich im Bett und überlege, was ich gerne zum Frühstück essen möchte – etwas, das gut schmeckt und gesund ist, etwas, das mir wirklich Freude machen wird.

Stehen an einem Tag wichtige Aktivitäten an, spreche ich dafür gezielt positive Affirmationen. Ich formuliere sie immer in der Gegenwartsform, als sei das gewünschte Resultat bereits verwirklicht. Wenn ich zum Beispiel ein Interview gebe, sage ich mir vorher: *Ich weiß, dass das ein wundervolles Interview ist. Zwischen mir und meinem Interviewpartner fließen die Ideen leicht und mühelos. Mein Gesprächspartner freut sich über die Informationen, die ich ihm oder ihr gebe. Alles verläuft glatt und mühelos und zur Zufriedenheit aller Beteiligten.*«

Louises Fähigkeit, so positiv und optimistisch zu sein, erstaunt mich immer wieder. Wir haben inzwischen genug Zeit zusammen verbracht, und ich kann sagen, dass diese Gemütsverfassung bei ihr die Regel ist. Diese Frau lebt eindeutig in einer positiven

Welt, die sie selbst erschaffen hat. Weil das so unge-
wöhnlich ist, frage ich mich, ob sie sich überhaupt
jemals schlecht fühlt. Also frage ich sie, ob es je vor-
kommt, dass sie einen schlechten Tag hat, schlecht
gelaunt aufwacht oder sich deprimiert fühlt?

Louise nimmt sich die Zeit, gründlich über meine
Frage nachzudenken, ehe sie antwortet. »Nur noch
selten«, sagt sie schließlich. »Ich übe jetzt schon sehr
lange und ich habe mir gute Angewohnheiten zuge-
legt. Auf die Übung kommt es an …«

Wir machen eine Pause, doch während wir plaudern, lasse ich das Diktiergerät weiterlaufen, nur für
den Fall. Eine gute Idee. Wir sind uns einig, dass es
eine wertvolle Methode zur Umprogrammierung
des Unterbewusstseins ist, im Alltag immer wieder
innezuhalten und darüber nachzudenken, wie wir
uns verhalten – wie unser innerer Dialog aussieht,
während wir unseren täglichen Lebensritualen nach-
gehen.

*Tag für Tag vertiefen wir die »Fahrspur« unseres ge-
wohnheitsmäßigen Denkens, und durch diese Dinge, die
wir regelmäßig denken und zu uns selbst sagen, wird
unsere Lebensqualität unmittelbar beeinflusst.*

Je mehr wir für unseren inneren Monolog eine
Sprache wählen, die lebensbejahend ist, desto bes-

ser wird unser Leben. In unseren alltäglichen Ritualen und Handlungen liegt das größte Potenzial zur Veränderung.

»Viele Leute denken, man müsste sich zurückziehen, wo man sich in aller Stille auf seine Affirmationen konzentrieren kann«, sagt Louise. »Dabei wenden wir doch den ganzen Tag über Affirmationen an. Alles, was wir denken und zu uns selbst sagen, ist eine Affirmation. Damit unser Leben besser werden kann, müssen wir uns bewusst machen, was wir die ganze Zeit sagen und denken.«

Dann gibt sie Beispiele für Fragen, die wir uns stellen sollten: »Was sagen Sie als Erstes zu sich, wenn Sie morgens aufwachen? Woran denken Sie, während Sie duschen? Während Sie sich rasieren? Was sagen Sie zu sich selbst, während Sie sich anziehen, sich schminken oder sich die Haare föhnen? Was sagen Sie zu Ihrer Familie, während Sie den Frühstückstisch decken oder die Kinder sich für die Schule vorbereiten? Das alles sind Momente, die wir nutzen können, um uns ein besseres Leben zu erschaffen.«

In den letzten Jahren habe ich begriffen, wie wichtig es ist, den Tag friedlich und mit einer bewussten Konzentration auf das Positive zu beginnen. Ich habe meinen Mann Michael durch eine vier Jahre dauernde Krankheit begleitet, und diese Erfahrung hat uns beide zutiefst verändert. Wir entdeckten eine neue Sanftheit und sind heute viel freundlicher uns selbst und anderen Menschen gegenüber. Wir lernten, besser auf unsere eigenen Bedürfnisse zu achten und fürsorglicher mit uns umzugehen.

Ich litt unter jener besonderen Form des Burnouts, die entsteht, wenn man über lange Zeit einen geliebten Menschen pflegen muss. Ich konnte nicht länger morgens aus dem Bett springen wie ein Toast aus dem Toaster und mich kopfüber in den Tag stürzen. Zu viele Jahre hindurch befand ich mich im ständigen Kampf mit meiner To-do-Liste, hetzte mich verzweifelt ab, um alle meine Pflichten zu erledigen, um mich danach endlich entspannen und mein Leben genießen zu können. Heute *beginne* ich damit, dass ich mich entspanne und mein Leben genieße!

Als ich höre, wie Louise ihren Tagesbeginn beschreibt, kommen mir neue Ideen, wie ich auf den Veränderungen, die ich seit Michaels Krankheit bereits vorgenommen habe, weiter aufbauen kann. Im Moment beginnt mein Tag, wenn ich nach unten gehe und mir Tee koche. Ich gehe mit der Teetasse, meinem Tagebuch und meinem Lieblingsstift in unseren Wintergarten. Ich schreibe Tagebuch, seit ich zwölf bin. Schreiben ist für mich zu einem wichtigen Mittel der emotionalen und kreativen Selbstfürsorge geworden. Ich schreibe über alles, was mir in den

Sinn kommt, und zum Abschluss schreibe ich jedes Mal eine Seite mit positiven Affirmationen. Das ist meine Methode, um meine Gedanken in die richtige Richtung zu fokussieren. Danach schaue ich mir ein inspirierendes Video an oder lese ein wenig in einem Lieblingsbuch oder auf einer Webseite.

Meine Interessen sind vielseitig – ich lese alles von Biografien über spirituelle und inspirierende Bücher bis zu Berichten über menschliche Schicksale und Neuigkeiten zu den Themen Gesundheit, Wissenschaft und Technologie. Auch liebe ich lustige Videos! Diese Zeit am Morgen ist ganz wesentlich für mein Wohlbefinden. Ich werde inspiriert, regeneriere mich und nähre meine Seele.

Wie Louise gebe auch ich mir alle Mühe, Termine und Besprechungen am Morgen zu vermeiden. Ich möchte Zeit für mich selbst haben, sodass ich in Kontakt mit meinen Gedanken und Gefühlen sein kann. Ich lege Termine, Büroarbeit, Telefonate und dergleichen auf den Nachmittag, damit ich morgens frei bin für die Schriftstellerei und andere kreative Projekte. Auch wenn ich mich manchmal entscheide, schon früher zu arbeiten, möchte ich doch die Freiheit und die Ruhe haben, mich morgens ganz auf meine Toppriotitäten zu konzentrieren.

Mir ist bewusst, dass es für die meisten Leute ein enormer Luxus ist, den Vormittag auf diese Weise zu verbringen. Früher, als ich noch mit Tempo 180 durchs Leben brauste (oder als Angestellte morgens pünktlich im Büro erscheinen musste), empfand ich es schon als großes Glück, einmal zehn Minuten Zeit für mich zu haben. Doch selbst zehn Minuten können schon viel bewirken.

Louise sieht das auch so. »Wir müssen irgendwo anfangen. Wenn Sie eine viel beschäftigte Mutter oder ein gestresster Vater sind, morgens die Kinder zur Schule bringen oder früh zur Arbeit müssen, ist es dennoch wichtig, dass Sie sich etwas Zeit nehmen, Ihren Tag auf richtige Weise zu beginnen. Stellen Sie sich lieber den Wecker etwas früher, um sich diese Zeit gönnen zu können. Selbst wenn es nur 10 oder 15 Minuten sind, ist das wertvoll – es ist Ihre Zeit, in der Sie etwas für sich selbst tun. Das ist absolut notwendig.

Die Zeit, die ich mir heute am Morgen nehme, hatte ich früher nicht«, fährt sie fort. »Wir beginnen mit kleinen Schritten. Es ist wichtig, dass Ihr Morgenritual sich für Sie gut anfühlt, dass Sie etwas zu sich sagen, was in Ihnen angenehme Gefühle auslöst. *Das Leben liebt mich* ist ein guter Start in den Tag. Das zu sich selbst zu sagen ist sehr wohltuend. Achten Sie dann darauf, ein gutes Frühstück zu essen – etwas, das Ihnen schmeckt und gut für Ihren Körper ist. Nähren Sie Ihren Körper mit einer guten Morgenmahlzeit und nähren Sie Ihren Geist mit guten, wohltuenden Gedanken.«

Gleich nach dem Aufstehen können wir alle die Kraft der Affirmationen nutzen, um unseren Tag auf bestmögliche Weise vorzubereiten.

Hier folgen einige Beispiele für Affirmationen, die Sie gut am Morgen anwenden können:

Wenn Sie aufwachen und die Augen öffnen:

Guten Morgen, Bett, danke, dass du so behaglich bist.
Ich liebe dich.

[Ihr Name], dies ist ein gesegneter Tag.

Alles ist gut. Ich habe heute alle Zeit, die ich brauche.

Während Sie in den Badezimmerspiegel sehen:

Guten Morgen, [Ihr Name]. Ich liebe dich.
Ich liebe dich wirklich.

Heute warten wunderbare Erfahrungen auf uns.

Du siehst großartig aus.

Du hast ein wunderschönes Lächeln.

Dein Make-up [oder Haar] ist perfekt.

Du bist meine ideale Frau [mein idealer Mann].

Wir werden heute einen herrlichen Tag verbringen.

Ich liebe dich von ganzem Herzen.

Unter der Dusche:

Ich liebe meinen Körper, und mein Körper liebt mich.

Es ist ein herrliches Vergnügen, sich zu duschen.

Das Wasser fühlt sich so gut an.

Ich bin den Menschen dankbar, die diese Dusche konstruiert und gebaut haben.

Mein Leben ist gesegnet.

Auf der Toilette:

Leicht und mühelos scheide ich alles aus, was mein Körper nicht mehr benötigt.

Essen und Trinken, Assimilation und Ausscheidung vollziehen sich in richtiger göttlicher Ordnung.

Beim Ankleiden:

Ich liebe meinen Kleiderschrank.

Es fällt mir leicht, mich gut anzuziehen.

Ich wähle zu jedem Anlass stets die passende Kleidung.

Ich fühle mich in meiner Kleidung wohl.

Ich vertraue darauf, dass meine innere Weisheit mir zeigt, welche Kleidung gerade die richtige ist.

Louise weist darauf hin, dass der richtige Tagesanfang viel Freude macht und äußerst wichtig ist, wenn wir Kinder haben.

»Am Morgen herrscht zwischen Eltern und Kindern oft eine sehr gereizte Atmosphäre. Wenn wir es uns zur festen Gewohnheit machen, mit Kindern positive Affirmationen zu praktizieren, während sie sich anziehen oder das Frühstück vorbereitet wird, ermöglichen wir damit nicht nur unserer ganzen Familie einen guten Start in den Tag, sondern wir vermitteln den Kindern auch eine wertvolle Fähigkeit für das ganze Leben.«

Das erinnert mich an meine Freundin Nancy, die mithilfe eines einfachen Spiels die morgendliche Stimmung in der Familie ihrer Schwester völlig verwandelte. Als Nancy mit ihrem fünfjährigen Neffen eine Abmachung traf, bei der er sich verpflichtete, bis zu ihrem nächsten Besuch mit dem Daumenlutschen aufzuhören, wollte ihre Nichte ebenfalls bei diesem Spiel mitmachen.

Nancys Nichte war ein richtiger Morgenmuffel und sträubte sich täglich dagegen, früh genug für die Schule aufzustehen. »Wenn Isabel geweckt wurde«, erzählte meine Freundin mir, »war sie stets schlecht gelaunt und reizbar. Durch ihre Dickköpfigkeit erzeugte sie für die ganze Familie eine Menge Stress. Ich fragte sie, was nötig sei, damit sie ein liebes Morgen-Mädchen würde, und sie antwortete: ›Siebenundsiebzig Dollar.‹ Also nutzte ich diese Gelegenheit, um ein neues, positives Ritual als Spiel einzuführen, und willigte in den Handel ein.«

Nancy sagte, sie würde ihrer Nichte bei ihrem nächsten Besuch in sechs Wochen 77 Dollar schenken, wenn diese bis dahin gelernt hätte, morgens gut gelaunt zu sein. »Ich sagte zu ihr: ›Du wirst ab jetzt morgens beim ersten Wecken aufwachen, dann setzt du dich gleich auf, begrüßt den Tag mit einem Lächeln und ziehst dich an. Und du wirst dich erst an den Frühstückstisch setzen, wenn du deine Schulsachen eingepackt hast und startklar bist.‹«

Isabel war mit diesem Spiel einverstanden, und das Ganze wurde ein voller Erfolg, mit dem niemand in der Familie gerechnet hatte.

»Das ist jetzt zwei Monate her, und meine Schwester berichtet, dass Isabels neues Morgenritual den Alltag für sie alle positiv verändert hat«, erzählte Nancy. »Isabel steht nun pünktlich auf, sie ist fröhlich und gleich nach dem ersten Wecken kommt sie fertig angezogen zum Frühstück herunter. Und lustigerweise hat sie mich überhaupt nicht mehr nach den 77 Dollar gefragt.«

Auch wenn die Sache ursprünglich als Spiel begonnen wurde, durch das Isabel Geld bekommen wollte, wurde daraus eine neue Gewohnheit, die den Tagesanfang für die ganze Familie positiv verwandelt hat. Wie es scheint, war dem kleinen Mädchen ihre nun viel glücklichere Familie so viel wert, dass es darüber das Geld völlig vergaß.

Louise legt uns ans Herz, auf diese Weise mit unseren Kindern zu arbeiten.

»Wir müssen den Kindern zeigen, was sie tun können, um sich gut zu fühlen«, sagt sie zu mir. »Eltern können mit kleinen Botschaften am Morgen beginnen, die die Kinder übernehmen können – Botschaften wie: *Es ist so einfach, sich anzuziehen. Ich liebe es, mich anzuziehen. Das Frühstück ist immer toll und macht Spaß. Wir freuen uns, morgens zusammen zu sein. Wir frühstücken sehr gerne gemeinsam. Das Frühstück macht, dass mein Körper sich gut anfühlt.*

Die Eltern können sogar um den Tisch herumgehen und jedes Kind bitten, etwas zu sagen, was es an sich selbst mag. Oder sie schreiben Affirmationen auf kleine Zettel, die sie in eine Schüssel legen, und dann wird eine gezogen, auf die sich alle Familienmitglieder während des Tages konzentrieren. Das kann für Familien mit Kindern, aber auch für Paare oder Wohngemeinschaften zu einem wundervollen Morgenritual werden. Auch kann jede Person am Frühstückstisch sich ein Erlebnis aussuchen, das sie an diesem Tag gerne erleben möchte, und dann eine dafür passende Affirmation formulieren.«

Ich male mir aus, wie sich die Welt verändern würde, wenn wir unseren Kindern beibringen, wie sie ihre Gedanken und Handlungen auf positive Weise steuern können. Würden wir lediglich ein Zehntel der Energie, die heute in Hausaufgaben, Freizeitaktivitäten und Sport fließt, dafür nutzen, diese für das ganze Leben so wichtige Fähigkeit zu entwickeln, würde sich das Bewusstsein auf dem Planeten spürbar wandeln.

Als sich die Zeit, die ich mit Louise in London verbracht habe, dem Ende zuneigt, spüre ich, dass ich es kaum erwarten kann, meinen Tagesanfängen nun mehr Aufmerksamkeit zu widmen. Ich sage ihr, dass ich ab jetzt noch bewusster auf meine morgendlichen Gedanken und Handlungen achten will, und zwar sobald ich die Augen aufschlage.

»Wir brauchen nichts zu überstürzen und müssen nicht gleich alles auf einmal ändern«, erwidert sie (und beweist erneut ihre feine Intuition – gewiss hört sie meine unterschwellige Neigung zur Arbeitswut heraus, den Drang, alles 150-prozentig machen zu wollen!). »Wählen Sie einfach ein Ritual für den Morgen aus und beginnen Sie damit. Wenn Sie es aus dem Effeff beherrschen, nehmen Sie sich ein zweites vor und üben Sie beharrlich. Aber überfor-

dern Sie sich nicht. Denken Sie daran, dass es darum geht, sich gut zu fühlen.«

Und wie gut ich mich fühle! Als ich aus Louises
Hotelzimmer komme, fühle ich mich zutiefst gesegnet, mit ihr an diesem Buch arbeiten zu dürfen.
Während bei früheren Buchprojekten bedrohlich
näher rückende Abgabetermine und allerlei Verzö-
gerungen an meinen Nerven zerrten, fühle ich mich
diesmal inspiriert und dankbar. Aber wie könnte es
anders sein? Schließlich absolviere ich gerade eine
Meisterschulung bei einer Dame, die es versteht,
gut zu leben – außergewöhnlich gut.

4.

Gute Tage machen ein gutes Leben

Der Winter naht, und das ist normalerweise eine Zeit, in der ich mich ein wenig bedrückt und deprimiert fühle, weil die Tage so kurz sind und das Wetter kalt und schneereich. Doch an diesem Morgen wache ich mit einem Lächeln auf. Als ich aus meinem Schlafzimmerfenster schaue, scheint die Sonne mir in die Augen, wärmt mir Gesicht und Hals, und ich wiederhole ein Ritual, das ich erst seit wenigen Wochen praktiziere: »Danke, liebes Bett, für diese wunderbar erholsame Nacht.«

Poupon, mein Kater, liegt an seinem gewohnten Platz unter meinem Arm, hört meine Worte, streckt seine Pfote aus und berührt mein Gesicht. Das Leben ist gut. Zum ersten Mal seit langer Zeit freue ich mich auf den Winter. Ich freue mich auf die wilde Schönheit der Schneestürme hier im amerikanischen Nordosten, auf die Stille, die sich auf unser Haus legt, wenn draußen alles von Schnee bedeckt ist. Sie bietet mir die willkommene Gelegenheit, mich drinnen gemütlich einzuigeln und dieses Buch zu schreiben.

Ehe ich aufstehe, schaue ich Poupon in die Augen und sage: »Ja, mein süßer Engel, dieser Tag wird wirklich gut werden.« Ich werde Louise zu Hause in San Diego besuchen. Ich wurde kurzfristig für eine Vortragsreihe engagiert, und das gibt uns Gelegenheit, ein paar Tage lang gemeinsam an unserem Buch zu arbeiten. Das Abenteuer geht also weiter!

Der Tag in San Diego ist so warm und sonnig, dass es sich im Vergleich zu der Eiseskälte zu Hause in Massachusetts anfühlt wie auf einem anderen Stern. Ich bin seit Stunden unterwegs, und nun freue ich mich auf eine Tasse Tee und eine gute Mahlzeit.

Der Wagen setzt mich vor einem imposanten Gebäude im Stadtzentrum ab. Meinen Koffer hinter mir herziehend, betrete ich die Eingangshalle, wo ich von einem freundlichen Pförtner zum Aufzug geführt werde, der mich nach oben zu Louises Zuhause bringen wird. Als sich die Aufzugtür langsam öffnet, erblicke ich ein kleines Foyer. Es ist im eleganten asiatischen Stil eingerichtet, und im Hintergrund erklingt leise Chant-Musik. Ich drücke auf die Türklingel, und Louise öffnet mir mit ihrem unvergleichlichen Lächeln. »Herzlich willkommen!«

Ich überschreite die Schwelle in eine andere Welt. »Läuft diese Musik die ganze Zeit?«, frage ich mit einem Blick zurück in das Foyer. Die Idee, Gäste mit diesen beruhigenden Chant-Klängen zu begrüßen, fasziniert mich.

»Ja«, antwortet sie leise, während sie mit der Sanftheit eines Mönchs die Tür hinter uns schließt. Sie signalisiert, dass ich ihr folgen soll. Erstaunt schaue ich mich um. Ihre Wohnung sieht aus und fühlt sich an wie ein wunderschönes Wellnesscenter.

Louises Zuhause ist groß, mit herrlichem Panoramablick. Die Einrichtung ist hell, fröhlich und überaus farbenfroh. In der Diele gibt es einen kleinen Springbrunnen, der hinter einer Reihe von üppigen Pflanzen leise plätschert. Als ich an einer weit geschwungenen Treppe vorbeigehe, befinde ich mich plötzlich Auge in Auge mit einer großen Statue von Quan Yin – der Göttin des Mitgefühls. Sie fühlt sich hier bestimmt wie zu Hause.

Das Wohnzimmer ist weitläufig, mit großen Fenstern, die den Blick auf das Zentrum von San Diego und den Balboa Park freigeben. Sofort gehe ich auf einen kleinen Orchideengarten zu, der auf einem Stutzflügel steht. »Wow, wie lange haben Sie diese Orchideen schon?«, frage ich. »Sie sind sehr schön.«

»Die hat mir jemand vor einiger Zeit geschenkt, und wenn nötig, tausche ich die Orchideen gegen neue aus.« Während ich mich in dem großen Raum

umschaue, fällt mir auf, dass Orchideen ein wiederkehrendes Thema sind. Ich entdecke sie überall.

Louise zeigt mir mein Zimmer, und wir beschließen, ein frühes Abendessen einzunehmen, wenn ich
ausgepackt und mich frisch gemacht habe.

Während ich mich im Gästezimmer einrichte,
denke ich über die Veränderungen in meiner Morgenroutine nach, die ich seit dem letzten Gespräch
mit Louise vorgenommen habe. Nach der Rückkehr
aus London fing ich an, auf die gewohnheitsmäßi-
gen Gedanken zu achten, die mit meinen morgendlichen Aktivitäten einhergingen, und ich war überrascht, was ich dadurch über mich selbst herausfand.

Zum Beispiel entdeckte ich, dass ich mich auf Probleme konzentrierte, während ich duschte. Sobald
ich mir das Gesicht oder die Haare wusch, kreisten
meine Gedanken um eine schwierige E-Mail, die ich
schreiben musste, eine Anfrage, die ich ablehnen
wollte, einen bedrohlich näher rückenden Abgabe-
termin. Während ich unter der Dusche stand, grü-
belte ich über das Problem nach und suchte nach
einer Lösung, um mich besser zu fühlen. Doch das
gelang mir nicht. Wenn ich mich abtrocknete, blickte ich dem Tag ängstlich und nervös entgegen.

Diese Tendenz zeigte sich nicht nur beim Du-
schen, sondern auch bei anderen Aktivitäten wie
Zähneputzen und Ankleiden. Das subtile negative
Selbstgespräch, das durch die Entdeckung einer

neuen Falte oder einer Unvollkommenheit meiner Figur ausgelöst wurde, weitete sich häufig zu größeren inneren Monologen über die Probleme des Älterwerdens und die Notwendigkeit, endlich abzunehmen, aus. Es gab da also zweifellos einiges, woran ich arbeiten musste.

Das Schöne an Bewusstwerdung ist, dass sie unsere gewohnten Denk- und Verhaltensmuster unterbricht. Wenn wir bewusst auf unsere Selbstgespräche achten – auf die Dinge, die wir jeden Tag zu uns selbst sagen –, erkennen wir die Wahrheit. Die Botschaften, die wir tagaus, tagein an uns selbst senden, prägen sich unserem Geist auf, was sie mit der Zeit immer mächtiger werden lässt. Auch senden sie Energie hinaus in die Welt und ziehen das in unser Leben, worauf wir uns immer wieder konzentrieren.

Als ich erkannte, wie hartnäckig und tief verwurzelt diese Denkgewohnheiten bei mir waren, machte ich mich daran, sie zu verändern. Ich fing an, die Veränderungen zu affirmieren, die ich herbeiführen wollte, wobei ich mich auf Selbstliebe und Akzeptanz konzentrierte. Ich schrieb Affirmationen auf, sprach sie laut und brachte sie auf kleinen Zetteln überall bei mir zu Hause an – kleine Schildchen, auf denen stand: *Mein Denken zu ändern gelingt mir leicht und mühelos. Ich liebe es, meine Morgenroutine zu verbessern.* Und: *Es ist eine Freude, auf gütige, liebevolle Weise mit mir selbst zu sprechen.* Sogar in der Dusche brachte ich eine Notiz an. Darauf stand: *Den ganzen Tag lang bade ich in guten Gedanken.*

Ich verwendete viele der Affirmationen, über die Louise und ich während unseres letzten Treffens gesprochen hatten, und schon nach wenigen Wochen bemerkte ich deutliche Veränderungen. Diese neuen Gedanken verdrängten die alten, und meine Morgenstunden wurden friedlicher und angenehmer. Ich programmierte mich darauf, besser in den Tag zu starten, und das fühlte sich gut an … *wirklich* gut.

Wir beschlossen, zum Abendessen in ein benachbartes Restaurant zu gehen. Während wir auf unser Essen warten, berichte ich ihr, was sich bei mir seit unserer letzten Begegnung positiv verändert hat.

»Sehr gut«, sagt sie. »Sie schenken diesen Dingen nun mehr Aufmerksamkeit. Wir müssen uns bewusst sein, was wir während des Tages zu uns selbst sagen. Es ist wichtig, dass wir unseren täglichen inneren Gesprächen zuhören. Wenn Sie etwas öfter als dreimal denken, ist es vermutlich häufiger Bestandteil Ihres inneren Dialogs. Bei manchen Leuten ist dies ›Oh Scheiße!‹. Wenn die Leute ihre täglichen Denkmuster umgestalten können, bekommen sie ihr ganzes Leben in den Griff.«

Das erlebte ich gerade sehr anschaulich.

»Sprechen wir darüber, wie wir uns einen guten Tag erschaffen können«, schlägt Louise vor. »Beginnen Sie, indem Sie darauf achten, wie Sie morgens aus dem Haus gehen. Was denken oder sagen Sie, wenn Sie die Tür öffnen, um das Haus zu verlassen? Was sagen Sie, wenn Sie die Tür hinter sich schließen? Was sagen Sie zu sich selbst, während Sie die Treppe hinuntergehen oder ins Auto steigen? Beginnen Sie Ihren Tag mit freudiger Erwartung und Begeisterung oder mit Sorge und Stress? Die Zeit, wenn Sie das Haus verlassen und sich auf den Weg zur Arbeit machen, ist eine ausgezeichnete Gelegenheit, Ihren Tag zu planen und zu programmieren, was Sie sich wünschen, statt die Dinge einfach dem Zufall zu überlassen.«

Ich denke über meine morgendlichen Abläufe nach. Ich bin es ganz sicher nicht gewohnt, meinen Tag zu programmieren. Stattdessen denke ich, wenn ich zur Tür hinaus- und die Treppe zur Garage hinuntergehe, typischerweise daran, ob ich alle Geräte abgeschaltet und nichts herumliegen lassen habe, über das meine Katze herfallen könnte, während ich weg bin. Wenn ich ins Auto steige, gehe ich, damit ich eine möglichst staufreie Fahrtroute planen kann, eine gedankliche Liste mit allem durch, was ich unterwegs erledigen muss.

»Nehmen wir uns nun die Fahrt zur Arbeit vor, als Beispiel dafür, wie Sie Ihren Tag anders beginnen können«, schlägt Louise vor. »Zuallererst: Behandeln Sie Ihr Auto wie einen guten Freund. Reden Sie auf freundliche Weise mit ihm. Ich sage oft: ›Hallo, Schätzchen, wie geht es dir? Schön, dich zu sehen. Wir machen zusammen eine schöne Fahrt zum Büro.‹ Geben Sie Ihrem Auto einen Namen – so wie ich. Und wenn ich das Haus verlasse, affirmiere ich: *Ich bin stets von guten Autofahrern umgeben, und ich strahle bewusst Liebe auf alle Autos in meiner Umgebung aus. Es ist ein gutes Gefühl, dass überall Liebe ist, wo ich auf den Straßen unterwegs bin.*«

Louise gibt weitere Affirmationen, die man beim Autofahren anwenden kann. Ich notiere sie rasch:

Meine Fahrt verläuft leicht und mühelos.

Meine Fahrt ist angenehm, und ich komme früher an als erwartet.

Ich fühle mich in meinem Auto wohl.

Ich weiß, dass dies eine wunderschöne Fahrt ins Büro wird [oder in die Schule, zum Einkaufen etc.].

Ich segne mein Auto liebevoll.

Ich sende allen Menschen, die mit mir auf den Straßen unterwegs sind, meine Liebe.

Was für eine wunderbare Art zu reisen! Während ich Louises Affirmationen höre, denke ich über die Idee nach, allen Menschen, die ebenfalls unterwegs sind, Liebe zu senden. Stellen Sie sich eine Welt vor, in der alle Autofahrer das täten. Es mag wie eine verrückte Idee erscheinen, aber wäre das nicht eine wirklich inspirierende Zukunftsvision? Eine Welt, in der alle Menschen sich ihrer spirituellen Natur bewusst sind und daher die schöpferische Kraft ihres Geistes nutzen, um die Welt mit guten Absichten zu erfüllen. Gedanken beeinflussen die Wirklichkeit. Stellen Sie sich nur einmal vor, wie der Planet sich dadurch verändern würde.

Vielleicht ist diese Vision gar nicht so weit hergeholt …

Wenn alles, was wir in die Welt hinaussenden, wichtig ist und unsere Energie die Realität beeinflusst, dann hat es Konsequenzen, Ihre Kinder – und alle anderen Kinder an der Schule – morgens zu segnen, wenn Sie sie dort absetzen. Den Briefträger oder die Kassiererin im Supermarkt zu segnen hat Konsequenzen. Jede dieser einfachen persönlichen Handlungen trägt dazu bei, die Welt zu einem besseren Ort zu machen, indem wir unsere Energie in die richtige Richtung lenken.

»Im Lauf des Tages gibt es viele Gelegenheiten, unser Bewusstsein mit guten Gedanken aufzufüllen«, sagt Louise. »Und das kann so einfach sein. Lächeln

Sie während des Tages oft und sagen Sie Dinge zu sich wie zum Beispiel:

Ich liebe mein Leben.

Ich liebe diesen Tag.

Das Leben liebt mich.

Ich liebe es, wenn die Sonne scheint.

Es ist wunderbar, die Liebe in meinem Herzen zu fühlen.

Alles, was ich tue, bringt mir Freude.

Diese Gedanken werden bewirken, dass Sie völlig neue Lebenserfahrungen machen.«

Louise und ich beschließen, weitere Methoden zusammenzustellen, wie man den Alltag mit guten Gedanken füllen kann. Hier sind einige Vorschläge, die uns in den Sinn gekommen sind:

In der Küche:

Louise sagt zu mir: »Ich danke stets meinem Herd dafür, dass er mir beim Kochen so gute Dienste leistet.« Machen auch Sie es sich zur festen Gewohnheit, Ihren Küchengeräten zu danken. Danken Sie Ihrer Spülmaschine, Ihrem Mixer, Ihrem Teekessel, dem Kühlschrank und so weiter und verwenden Sie in der Küche folgende Affirmationen:

Hallo, Küche, du bist das Kraftzentrum für meine Ernährung. Ich wertschätze dich!

Du und alle deine Gerätschaften helfen mir, köstliche, nahrhafte Mahlzeiten zuzubereiten.

Ich bin dankbar für die Fülle an guten, gesunden Nahrungsmitteln in meinem Kühlschrank.

Leicht und mühelos bereite ich in meiner Küche wohlschmeckende, nahrhafte Mahlzeiten zu.

Küche, du hilfst mir, mein Leben zu genießen!

Ich liebe dich.

Während der Mahlzeiten:

Da wir ja schließlich alle täglich essen müssen, können Sie mit jeder Mahlzeit positive Affirmationen verbinden:

Ich bin so dankbar für diese wundervolle Nahrung.

Ich segne diese Mahlzeit liebevoll.

Ich liebe es, köstliche, nahrhafte Gerichte zuzubereiten.

Meine ganze Familie genießt diese Mahlzeit.

Unsere Mahlzeiten verlaufen heiter und entspannt. Lachen ist gut für die Verdauung.

Köstliche Mahlzeiten vorzubereiten ist eine Freude.

Mein Körper freut sich am guten Essen.

Ich bin dankbar, dass ich für meine Familie gesunde, hochwertige Lebensmittel einkaufen kann.

Durch ein gutes, nahrhaftes Frühstück stärken wir uns für den Tag.

In diesem Haus verlaufen alle Mahlzeiten harmonisch.

Voller Freude und Liebe nehmen wir unsere gemeinsamen Mahlzeiten ein.

Wenn wir zusammen essen, ist das immer eine glückliche Zeit.

Die Kinder probieren gerne neue Gerichte aus.

Mit jedem Bissen, den ich esse, wird mein Körper stärker und gesünder.

Beim Wäschewaschen:

Wählen Sie drei oder vier Ihrer Lieblingsaffirmationen aus diesem Buch aus und kleben Sie sie auf Waschmaschine und Trockner. Wiederholen Sie sie, während Sie die Wäsche waschen.

Während des Tages:

Nehmen Sie sich 30 Sekunden Zeit, um mit geschlossenen Augen Ihre Schultern zu entspannen. Atmen Sie tief durch die Nase ein und zählen Sie dabei bis vier. Halten Sie die Luft an und zählen Sie dabei bis zwei. Atmen Sie dann langsam durch den Mund aus und zählen Sie dabei wieder bis vier. Öffnen Sie die Augen und senden Sie einem Menschen einen liebevollen Gedanken.

Gewöhnen Sie sich außerdem an, sich während des Tages wiederholt die folgenden zwei Fragen zu stellen: *Womit kann ich mich in diesem Moment glücklich machen?* Und: *Welche Gedanken bringen mir Freude?*

Während Sie am Computer sitzen:

Machen Sie aus den Passwörtern, die Sie am Computer verwenden, positive Affirmationen.

Ich erzähle Louise von einem Freund, der sich nach einer Scheidung diese Gewohnheit zulegte. Als er feststellte, dass viele seiner Passwörter ihn an seine Exfrau erinnerten, ersetzte er sie durch inspirierende Botschaften. Stellen Sie sich einmal vor, wie gut es sich anfühlen wird, sich mit einem Passwort wie »ichliebedasleben« einzuloggen.

Louise ergänzt: »Man kann Affirmationen auch einsetzen, wenn man etwas Neues lernen oder Verbesserungen in einem bestimmten Lebensbereich herbeiführen möchte. Vor Jahren brachte ich bei mir zu Hause überall Zettel an, auf denen Affirmationen standen wie *Ich gedeihe in jeder Hinsicht* und *Mein Einkommen wächst stetig.* Ich bin ein visueller Mensch, und es war gut, sie jeden Tag zu sehen. Nach einer Weile wurden sie dann für mich Wirklichkeit.«

Wir sollten also unseren Alltag regelrecht mit Affirmationen pflastern?

»Für eine Affirmation ist immer Zeit«, stimmt sie mir augenzwinkernd zu. »Sogar gegenüber meinem Klo hängt eine Affirmation an der Wand. Sie lautet: *Ich trage zum Wohlergehen aller Menschen in meiner Welt bei, und alle Menschen in meiner Welt tragen zu meinem Wohlergehen bei.* Sie hängt dort schon lange Zeit.«

Louise und ich essen in entspannter, heiterer Atmosphäre zu Abend. Anschließend spazieren wir nach Hause und beschließen, früh zu Bett zu gehen.

Ich wache gut erholt auf und gehe in die Küche, um mir einen Tee zu kochen. Dabei rezitiere ich im Stillen positive Affirmationen. Ich setze mich im Wohnzimmer aufs Sofa und warte darauf, dass hinter einer Bergkette in der Ferne die Sonne aufgeht. Wie ange-

nehm es hier bei Louise ist! Bald darauf kommt sie
mit einem der Bücher, die sie am Bett aufbewahrt,
die Treppe hinunter. Es ist *A Deep Breath of Life* von
Alan Cohen. Sie gibt es mir und sagt: »Das ist das
Buch, das ich bei unserem vorigen Treffen erwähnt
habe. Schauen Sie mal hinein.« Als ich die erste
Seite aufschlagen will, weist sie mich an: »Schlagen
Sie zufällig eine Seite auf und sehen Sie, was das
Buch Ihnen zu sagen hat.« Dann geht sie hinaus.

Ich schließe die Augen, atme tief durch und öffne
eine Seite mitten im Buch. Mich überläuft ein Krib-
beln, als ich den Titel der Tagesaffirmation lese: »Ein
Ort für Gott«. Es geht darum, sich zu Hause einen
Altar einzurichten – einen Ort, wo wir an die Gegenwart Gottes erinnert werden und sie ehren können. Ich empfinde das als eine starke Synchronizität.
In letzter Zeit hatte ich mehrfach mit meinem Mann
darüber gesprochen, bei uns zu Hause ein kleines
Zimmer als Altarraum herzurichten – etwas, was ich
sehr vermisse, denn in unserem vorherigen Haus
gab es einen solchen Raum. Ich sehe diese Text-
stelle aus Alans Buch als klares Zeichen, mich nun
verstärkt um dieses Vorhaben zu kümmern.

Ich gehe zu Louise in die Küche, wo sich ebenfalls
eine bequeme Sitzinsel befindet. Ich mache eine Bemerkung über die vielen angenehmen Sitzgelegenheiten in ihrer Wohnung. »Wir sollten der Einrichtung unseres Zuhauses und unseres Arbeitsplatzes

viel Aufmerksamkeit widmen, denn dort verbringen wir den größten Teil unserer Zeit«, erklärt sie. »Ich liebe es, mich an vielen unterschiedlichen Stellen in meiner Wohnung hinsetzen zu können und die verschiedenen Ausblicke zu genießen. In meinem Schlafzimmer steht ein Sofa zum Lesen, und am Schlafzimmerfenster steht ein Sessel zum Nachdenken. Außerdem gibt es bequeme Sitzgelegenheiten im Garten, der Küche und dem Wohnzimmer. Sogar im Büro meiner Assistentin Shelley steht ein Sessel für mich, in dem ich es mir bequem machen kann, während wir arbeiten.«

Es ist offensichtlich, dass Louise die Dinge in ihrem Leben sehr bewusst und mit einem sorgfältigen Blick für Details arrangiert. Jahrelang war ich daran gewöhnt, meine Umgebung einfach nur zu ertragen, entweder weil ich das Gefühl hatte, mir eine Gestaltung nach meinen wirklichen Wünschen nicht leisten zu können, oder weil ich so erschöpft und überfordert war, dass ich dafür keine Energie aufbrachte. Zu Beginn meiner Coaching-Ausbildung betonte mein erster Mentor, wie wichtig es ist, in einer inspirierenden Atmosphäre zu leben und zu arbeiten. Damals fing ich an, diese Idee ernst zu nehmen. Ich räumte gründlich auf und sorgte dafür, dass mein Zuhause und mein Büro sauber und ordentlich waren. Ich trennte mich von allem, was ich nicht wirklich brauchte oder mochte.

Zu sehen, welche Aufmerksamkeit Louise den Details widmet – indem sie beispielsweise dafür sorgt, dass sie überall nur Angenehmes sieht, sei es vom Küchentisch oder vom Schreibtisch aus –, spornt mich dazu an, in dieser Hinsicht noch mehr als bisher auf mein Wohlbefinden zu achten. Manchmal genügt eine kleine Veränderung, um eine starke Botschaft an das eigene Selbst zu senden: »Ich liebe dich und ich nehme deine Bedürfnisse ernst.«

Louise führt mich nun durch die Büroräume im oberen Teil ihrer zweigeschossigen Wohnung. Als wir ihr Büro betreten, sehe ich, dass sie an strategischen Positionen auf und an ihrem Schreibtisch Affirmationen platziert hat. An einer Ziehharmonikalampe neben ihrem Computer ist ein kleiner Spiegel befestigt. »Schminken Sie sich hier?«, frage ich.

Louise dreht sich zu mir um und wirkt etwas überrascht. »Aber warum sollte ich mich an meinem Schreibtisch schminken? Nein, der ist für die Spiegelarbeit. Solche Spiegel habe ich an verschiedenen Stellen in der Wohnung angebracht, damit ich mir während des Tages immer wieder positive Botschaften senden kann.«

Verlegenheit stellt sich in Louises Gesellschaft fast nie ein. Ihre liebevolle, vorurteilslose Art macht das unmöglich. Ich komme mir also nur für einen winzigen Moment dumm vor und bitte sie, mir mehr darüber zu erzählen, wie sie die Spiegel nutzt.

»Spiegelarbeit ist *sehr* wichtig«, sagt sie. »Man braucht nur einen Augenblick Zeit, um ›Hallo, Darling‹, ›Gut siehst du aus‹ oder ›Ist das nicht wundervoll?‹ zu sagen. Es ist *enorm* wichtig, dass Sie sich während des Tages immer wieder solche kleinen positiven Botschaften übermitteln. Je öfter wir Spiegel nutzen, um uns selbst Komplimente zu machen, um uns Wertschätzung und Unterstützung zu schenken, desto mehr entwickeln wir eine tiefe und freudvolle Beziehung zu uns selbst. Der Spiegel sollte ein guter Gefährte sein, kein Feind.«

Ich erinnere mich noch an die Zeit, als die Idee, unser eigener bester Freund zu werden, wie ein alberner Motivationsslogan klang. Aber heute weiß ich, dass dies von entscheidender Bedeutung für uns ist. Die meisten von uns sind so hart sich selbst gegenüber. Wenn ich auf mein eigenes Leben zurückblicke, erkenne ich, dass ich jahrelang den Fehler machte, zu glauben, ich könnte positive Veränderungen herbeiführen, indem ich mich selbst kritisierte und fertigmachte – die alte »Tritt in den Arsch«-Mentalität. Heute sehe ich, dass es das genaue Gegenteil bewirkt – es verstärkt unsere einengenden Glaubenssätze, die uns in unserer Entwicklung hemmen und Ängste schüren.

Dadurch, dass ich die Spiegelarbeit zu einem festen Bestandteil meines Lebens machte, habe ich gelernt, was es bedeutet, in jeder Situation für mich selbst einzustehen. Während der letzten Jahre hat meine Beziehung zu mir selbst enorm davon profitiert, dass ich es mir angewöhnt habe, in einen Spiegel zu schauen und dabei auf liebevolle, freundliche und ermutigende Weise mit mir zu sprechen. Inzwischen weiß ich, weiß ich *wirklich*, dass ich mir selbst eine vertrauenswürdige Freundin bin, die immer zu mir hält, auch wenn ich mal einen Fehler mache. Durch diese Spiegelübungen habe ich die Freiheit erlangt, Neues zu wagen und mein Leben auf aufregende Weise zu erweitern.

»Wenn in Ihrem Leben etwas Gutes geschieht, gehen Sie vor den Spiegel und sagen Sie: ›Danke, danke. Das ist ja großartig! Danke, dass du das geschafft hast‹«, fährt Louise fort. »Oder wenn etwas Schreckliches passiert, gehen Sie zum Spiegel und sagen Sie: ›Das ist schon okay. Ich liebe dich. Dieses Missgeschick geht vorüber, aber meine Liebe zu dir währt ewig.‹ Wir müssen uns durch unsere Worte unterstützen, statt uns niederzumachen. Wir kritisieren und verurteilen uns viel zu viel – womit wir lediglich Dinge wiederholen, die in der Kindheit von den Erwachsenen zu uns gesagt wurden.«

Oh ja, die »verinnerlichte Elternstimme« – die Stimme dieser Wächter und Autoritätsfiguren aus unserer Vergangenheit, die ihre eigenen Ängste oder ihren Selbsthass auf uns projizierten. Viele von uns wuchsen damit auf, dass sie ständig kritisiert wurden, oder sie lernten, aus Selbstschutz ihre Talente und Gaben zu verstecken, nur um nicht unangenehm aufzufallen und sich anhören zu müssen: »Du bist ja wohl größenwahnsinnig.« Leider herrscht fast überall der Irrglaube, man könne durch ständige Kritik Menschen in ihrer Entwicklung fördern. Das führt dazu, dass wir diese unerbittlichen kritischen Stimmen verinnerlichen. Und auch von unseren Eltern wurden sie schon verinnerlicht. So werden die kritischen Stimmen von einer Generation zur nächsten weitergereicht. Wenn wir auf sie hören, gelingt es uns nicht, unser volles Potenzial zu entfalten.

»Deswegen müssen Sie Ihre eigene Cheerleaderin werden«, sagt Louise. »Erwarten Sie nicht, dass andere das für Sie tun. Wenn Sie Ihre eigene Cheerleaderin sind, wird es Ihnen viel leichterfallen, sich an neue Herausforderungen heranzuwagen.«

Nach unserer Spiegellektion führt Louise mich wieder nach unten, wo wir unser Gespräch darüber fortsetzen, wie man am besten den Tag in den Griff bekommt. Ich stelle mein Diktiergerät und meinen Laptop neben die Sitzinsel in der Küche, von wo aus ich Louise dabei zusehe, wie sie das Frühstück zubereitet. Ich möchte darüber sprechen, wie wir Bewusstheit und gute Absichten in unseren Arbeitsalltag mitnehmen können. Schließlich verbringen die meisten von uns einen großen Teil ihres Lebens am Arbeitsplatz. Und dort bieten sich uns viele Gelegenheiten, negatives Denken durch Gedanken und Handlungen zu ersetzen, die sich für uns gut anfühlen. Wie sich zeigt, hat Louise zu diesem Thema eine Menge zu sagen.

»Vor Jahren habe ich darüber geschrieben, wie wichtig es ist, dass wir unsere Arbeit segnen. Ich zeigte auf, was die Leute Positives tun können, um sich bei der Arbeit besser zu fühlen«, erzählt sie. »Im Lauf der Jahre habe ich immer wieder erlebt, wie die Menschen die Qualität ihres Berufsalltags verbesserten, ganz gleich, ob sie unter Langeweile, Frustration, Überforderung oder mangelnder Wertschätzung litten.

Das stärkste Hilfsmittel, das ich anzubieten habe, ist die Macht des liebevollen Segnens. Damit lässt sich jede Situation positiv verändern«, sagt Louise. »Unabhängig davon, wo Sie arbeiten oder wie Sie sich dort fühlen, segnen Sie Ihren Arbeitsplatz liebevoll. Das meine ich ganz wörtlich. Denken Sie nicht bloß vage positive Gedanken. Sagen Sie: ›Ich segne diese Arbeit liebevoll.‹ Suchen Sie sich einen Ort, wo Sie diese Affirmation laut aussprechen können – wenn Sie der Liebe Ihre Stimme geben, hat das eine enorm kraftvolle Wirkung. Und belassen Sie es nicht dabei. Segnen Sie alles an Ihrer Arbeitsstelle liebevoll: die Ausrüstung, die Möbel, die Maschinen, die Produkte, die Kunden, die Menschen, mit denen und für die Sie arbeiten, und alles, was noch mit Ihrer

Arbeit in Zusammenhang steht. Das bewirkt wahre
Wunder.«

Ich denke einen Moment darüber nach, was ich
in meinem Büro segnen würde, die kleinen Dinge,
die mir jeden Tag gute Dienste leisten – meinen
Schreibtisch, meinen Computer, die Fenster, die
mir einen wunderschönen Ausblick ermöglichen,
oder die Stifte, mit denen ich täglich schreibe. Dann
denke ich an das noch viel Wichtigere: meine Assis-
tentinnen Chris und Nicole, zwei freundliche und
liebevolle Frauen; meinen guten Buchhalter Robin,
der sich kompetent und souverän um alle Details
kümmert; und Terry, meine Webmasterin, die eine
Meisterin ihres Faches ist. Ich fühle mich gesegnet,
mit diesen Menschen zusammenarbeiten zu dürfen,
die ich respektiere und bewundere, denn ich weiß
aus Erfahrung, dass der zwischenmenschliche Umgang an vielen Arbeitsstellen ausgesprochen stressig
sein kann. Im Lauf der Jahre erreichten mich Tausende von Hilferufen von Menschen, die Probleme
im Umgang mit übellaunigen Kollegen, Angestellten oder Arbeitgebern haben – also bitte ich Louise
um ihre Meinung zu diesem Thema.

»Wenn Ihnen zwischenmenschliche Schwierigkeiten am Arbeitsplatz zu schaffen machen«, sagt sie,
»können Sie die Kraft Ihres Geistes nutzen, um
diese Situation zu verändern. Affirmationen leisten
dabei gute Dienste. Versuchen Sie: *Ich habe eine wun-*

*derbare Beziehung zu allen Menschen an meinem Arbeits-
platz, einschließlich* _____. Wiederholen Sie diese Affirmation jedes Mal, wenn Sie an diesen Menschen
denken müssen. Auf dem Weg zur Arbeit können Sie
Affirmationen anwenden wie: *Ich bin umgeben von
wunderbaren Kollegen. Die Zusammenarbeit mit allen
meinen Kollegen und Vorgesetzten ist eine Freude.*
Oder: *Unsere Arbeit ist für uns alle ein Vergnügen.*

Wiederholen Sie das beharrlich, was auch immer
gerade geschieht. Und wenn Sie merken, dass Sie
etwas denken oder laut aussprechen, was dazu im
Widerspruch steht, sagen Sie sofort (laut oder in Gedanken): ›Nein, nein, nein. Ich habe eine wunderbare Beziehung zu allen meinen Kollegen.‹ Immer
wenn Sie an sie denken müssen, vor allem an die
Kollegen, mit denen Sie Probleme haben, lenken
Sie Ihre Aufmerksamkeit gezielt auf das, was im
Umgang mit ihnen gut und richtig ist, und nicht auf
das, was negativ ist. Es wird Sie erstaunen, wie sehr
Ihr Verhältnis zu schwierigen Kollegen oder Chefs
sich dadurch verbessert. Ich habe da schon wahre
Wunder erlebt. Sprechen Sie einfach die positiven
Affirmationen und lassen Sie das Universum sich
um die Details kümmern.«

Ich frage Louise, ob ihr eine Geschichte aus ihrem
eigenen Leben einfällt, die diese Art von Wundern
verdeutlicht. Ohne lange überlegen zu müssen, berichtet sie Folgendes:

»Ich hatte mal einen Klienten namens George, der kurz davor stand, ein neues Engagement anzutreten – er war Barpianist. Während unseres ersten Termins sagte er: ›Ich bin ganz begeistert von diesem neuen Job. Der einzige Wermutstropfen ist, dass der Boss seine Angestellten wohl ganz schrecklich behandelt. Alle haben Angst vor ihm. Sie gehen ihm aus dem Weg, wo es nur geht, und einige haben einen richtigen Hass auf ihn. Ich frage mich, wie ich mit der Situation dort umgehen soll.‹

Also sage ich zu ihm: ›Okay. Hier ist das Erste, was Sie tun werden, wenn Sie auf das Gebäude zugehen: Segnen Sie es liebevoll. Wenn Sie eine Garderobe haben, segnen Sie diese liebevoll. Segnen Sie auch alle Mitarbeiter und affirmieren Sie, dass Sie ein ganz wundervolles Verhältnis zu Ihrem neuen Chef haben. Affirmieren Sie beharrlich: *Ich habe ein wundervolles Verhältnis zu meinem Chef.* Und auch wenn Sie das Gebäude verlassen, segnen Sie es und alle Leute dort liebevoll.‹

Nach sechs Wochen kam er zu mir und sagte: ›Alle sind völlig erstaunt. Der Chef mag mich. Er kommt immer zu mir und sagt: ›Hallo, George, wie geht's? Du machst deine Sache wirklich gut.‹ Er steckt mir sogar ab und zu 20 Dollar extra zu (was damals viel Geld war). Die anderen Angestellten können es gar nicht fassen. Immer wieder fragen sie mich: ›Wie machst du das bloß?‹

Sehen Sie: Georges Affirmationen haben das bewirkt. Zu allen anderen war der Chef unausstehlich,
aber George gegenüber benahm er sich anständig.«

Louises Geschichte ist ein gutes Beispiel dafür,
wie leicht wir uns in die Probleme anderer Leute
hineinziehen lassen. Statt die Erfahrungen für uns
zu programmieren, die wir uns wirklich wünschen,
machen wir es wie George und übernehmen die Geschichten anderer, wenn wir uns in eine neue Situation hineinbegeben – eine neue Arbeitsstelle, einen
Verein oder eine Ausbildung.

Louise erklärt dazu: »Manchmal nehmen wir unsere Geschichte mit uns. Wenn Sie den Job hassen,
den Sie gerade machen, besteht die Gefahr, dass Sie
diesen Hass mitnehmen, wenn Sie den Arbeitsplatz
wechseln. Mag der neue Job auch noch so gut sein,
schon bald werden Sie ihn genauso hassen wie den
alten. Die Gefühle oder Gedanken, die Sie in sich
tragen, tragen Sie auch an der neuen Arbeitsstelle
weiter in sich. *Wenn Sie in einer Welt der Unzufriedenheit leben, wird diese Unzufriedenheit Sie überallhin begleiten. Nur indem Sie Ihr Bewusstsein verändern, können
Sie positive Veränderungen in Ihrem Leben herbeiführen.*
Wenn Sie Ihre momentane Arbeit furchtbar finden, sollten Sie es mit dieser Affirmation versuchen:
*Ich liebe stets meine Arbeitsstelle. Ich habe immer die bes-
ten Jobs. Meine Arbeit wird stets wertgeschätzt und anerkannt.* Denken Sie so, werden Sie immer eine gute

neue Arbeit finden, die Ihnen Freude macht. Durch ständiges Bejahen dieser Aussagen können Sie sich ein neues persönliches Gesetz erschaffen. Das Universum wird darauf reagieren. Gleiches zieht Gleiches an, und das Leben strebt immer danach, Gutes zu Ihnen zu bringen – Sie müssen es nur zulassen.

Wenn Sie den Arbeitsplatz wechseln möchten, dann sollten Sie Ihren momentanen Job liebevoll segnen und zusätzlich affirmieren: *Ich gebe meine bisherige Arbeit jetzt an einen anderen Menschen weiter, der sich freuen wird, an meine Stelle zu treten.* Zu der Zeit, als Sie Ihren Job antraten, war er für Sie perfekt. Nun sind Ihr Selbstwertgefühl und Ihr Selbstvertrauen gewachsen, und Sie sind bereit für etwas Besseres. Wenden Sie folgende Affirmationen an:

Ich bin jetzt offen für eine neue berufliche Aufgabe, bei der ich alle meine kreativen Talente und Fähigkeiten optimal entfalten kann.

Mein Beruf schenkt mir Erfüllung, und ich gehe jeden Tag mit Freude arbeiten.

Ich arbeite für Menschen, die mich und meine Fähigkeiten anerkennen und wertschätzen.

Das Gebäude, in dem sich mein Arbeitsplatz befindet, ist hell, gut belüftet, und es herrscht dort in jeder Hinsicht eine angenehme Atmosphäre. Alle dort sind mit Freude und Begeisterung bei der Arbeit.

Meine neue Arbeitsstelle liegt am für mich perfekten Ort.
Ich verdiene dort sehr gut, wofür ich zutiefst dankbar bin.«

Um uns also gute äußere Situationen in Beruf und Privatleben zu erschaffen, müssen wir zunächst für eine gute Situation in unserem Bewusstsein sorgen?

»Ja, denn schließlich möchten Sie ja ein Mensch sein, der mit Erfolg positive Affirmationen anwendet und lediglich von Freunden hört, die Probleme haben, statt selbst der Freund zu sein, der die Probleme hat! Mit jedem Gedanken, den Sie denken, gestalten Sie Ihre Lebenserfahrungen. Wenn Sie das einmal begriffen haben, eröffnen sich Ihnen neue, aufregende Möglichkeiten der bewussten Lebensgestaltung.«

Wir beschließen, eine Pause zu machen, denn wir müssen uns jetzt für den Tag vorbereiten. Wir werden zum Hay-House-Verlagshaus nach Carlsbad fahren, nördlich von San Diego. Dort sind wir zum Lunch verabredet und werden einige Mitarbeiter des Verlages besuchen.

Louise und ich gehen in der Tiefgarage auf ihren Wagen zu. Als ich mich auf den Beifahrersitz setze, muss ich schmunzeln, als ich die Affirmation lese, die auf dem Armaturenbrett klebt: *Lächle mit deiner*

Leber. Für einen Moment stelle ich mir einen riesigen gelben Smiley vor, der auf meiner Leber klebt und sie glücklich und gesund erhält.

Auf unserer Fahrt zu Hay House lenke ich das Gespräch auf die Rolle des Arbeitgebers. Ich frage, wie man als Chef oder Chefin seine Mitarbeiter inspirieren und motivieren kann.

»Es ist sehr wichtig, dass man als Arbeitgeber dankbar gegenüber seinen Arbeitnehmern ist«, antwortet Louise. »Die Menschen lieben es, wenn man sie lobt oder ihnen aufmunternd auf die Schulter klopft. Dann fühlen sich alle viel besser.«

Die alte Idee, »mit eiserner Faust« eine Firma zu führen, funktioniert also nicht?

»*Niemals!* Ich begreife Vorgesetzte oder Unternehmer nicht, die ernsthaft glauben, Angestellte würden besser arbeiten, wenn man sie anbrüllt. Das werden sie niemals, denn sie sind dann eingeschüchtert oder voller Groll, und mit solchen Gefühlen kann man seine Arbeit nicht gut machen. Als Chef sollten Sie wissen, was Ihr Verhalten bei Ihren Mitarbeitern auslöst. Wer glaubt, er müsse seine Leute herumkommandieren und zur Arbeit antreiben, erreicht damit nicht, dass sie mehr arbeiten, sondern nur, dass sie eingeschüchtert oder widerwillig arbeiten.«

Es ist für mich offensichtlich, dass Louise sehr fürsorglich gegenüber den Angestellten ihres Unternehmens ist. Als wir im Verlag eintreffen, steht bei ihr zuallererst auf dem Plan, bei einem Dankeschön-Video für eine Angestellte mitzuwirken, die nach vielen Jahren Unternehmenszugehörigkeit Hay House verlässt. Ich frage sie, was sie auf dem Video sagen möchte.

»Ich werde sagen: ›Wir lieben Sie. Wir möchten, dass Sie neue Erfahrungen sammeln und ein herrliches Leben führen. Danke, dass Sie bei uns waren. Sie waren für uns alle eine große Hilfe. Wir wünschen Ihnen viel Freude bei den neuen Abenteuern, die nun auf Sie warten.‹ Wenn ich für Mitarbeiter ein paar aufmunternde Zeilen schreibe, verwende ich oft diesen Satz: *Möge Ihr Leben expandieren und sich ständig weiterentwickeln.*«

Wer würde sich nicht inspiriert und ermutigt fühlen, wenn ein Arbeitgeber solche Dinge sagt? Wer würde dann nicht fleißig arbeiten und zum Erfolg des Unternehmers beitragen wollen?

Konstantes positives Feedback ist im Arbeitsleben leider eine Seltenheit. Viele von uns erhielten als Kinder und Heranwachsende nie Anerkennung, und daher kommt es uns nicht in den Sinn, als Erwachsene anderen Anerkennung zu zeigen.

Mein erster Erfolgscoach war ein glühender Verfechter des Anerkennungsprinzips. Er riet mir, in meinem Büro mehrere Karteikarten aufzuhängen, auf denen *Anerkennung! Anerkennung! Anerkennung!* stand. Sie sollten mich ständig daran erinnern, meinen Klienten Anerkennung für ihre Fähigkeiten und Erfolge zu zollen und sie so zu stärken und zu ermutigen. Das ist eine Praxis im Umgang miteinander, die insbesondere von Chefs dringend eingeübt werden sollte. Wenn sie sich das zur täglichen Gewohnheit machen, können sie dadurch das Arbeitsklima in ihrer Firma oder Abteilung enorm verbessern.

Als wir bei Hay House eintreffen, werde ich von Louise durch den Verlag geführt. Ich freue mich, die Männer und Frauen, mit denen ich bislang nur telefonisch oder per E-Mail zusammenarbeitete, endlich einmal persönlich kennenzulernen. In diesem Unternehmen arbeiten so viele exzellente Leute, denen die Produkte, die sie den Menschen zugänglich machen, wirklich eine Herzensangelegenheit sind – Bücher, Seminare, Onlineprogramme, Filme und andere Hilfsmittel, die das Leben der Hay-House-Kunden positiv verändern.

Während des Nachmittags reiht sich ein Gespräch an das andere, und Louise behält die ganze Zeit über eine positive, dynamische, optimistische Haltung. Ich bin fasziniert, über wie viel Energie sie mit ihren inzwischen 85 Jahren immer noch verfügt!

Am Ende des Tages verabschiede ich mich noch von dem Team, das meine Sendung auf Hay House Radio produziert. Ihre Büros liegen in der Nähe der Empfangshalle. Ich behalte den Eingang im Auge, denn Louise will sich dort mit mir treffen.

Während ich im Studio stehe, biegt sie um die Ecke, ins Gespräch mit einem Angestellten vertieft – einem jungen Mann, der wie Anfang 30 aussieht. Zum Abschluss der Unterredung umarmt sie ihn und sagt: »Ich liebe Sie.« Ich schüttele staunend den Kopf. *Wo finden sich in der heutigen amerikanischen Geschäftswelt solche Chefinnen oder Chefs?*

Wenn man nach getaner Arbeit nach Hause zurückkehrt, braucht man ebenfalls die richtigen positiven Denkmuster. Auf der Fahrt zurück zu Louises Wohnung vervollständigt sie unseren Tagesplan. »Auch nach der Arbeit sollten wir uns fragen, wie wir uns fühlen, wenn wir nach Hause kommen. Fragen Sie sich: Wie fühle ich mich, wenn ich meinen Partner, meine Kinder oder WG-Mitbewohner sehe?

Vor langer Zeit hatte ich eine Freundin, die ihren Mann jeden Tag damit begrüßte, dass sie ihm die neuesten Katastrophen auftischte. Ich fragte mich: *Warum tut sie das?* Während meiner Ehe begrüßte ich meinen Mann stets mit einer herzlichen Umarmung und einem Kuss, sodass er sich willkommen fühlte. Stattdessen begrüßte meine Freundin ihren Mann mit schlechten Neuigkeiten – die Klospülung ist defekt, die Kinder haben das und das angestellt. Nun, solche Dinge hätten ganz sicher 80 Sekunden

warten können. Warum sagte sie denn vorher nicht:
›Hallo, Liebling, ich liebe dich. Wie war dein Tag?‹«

Genau wie am Morgen, wenn wir das Haus verlassen, sollten wir auch bei unserer Rückkehr sehr
bewusst auf unsere Gedanken achten. Nehmen Sie
sich einen Moment Zeit, um sich zu fragen: *Wie
fühle ich mich, wenn ich das Auto abstelle? Wie fühle ich
mich, wenn ich mich der Haustür nähere? Was sage ich
als Erstes zu den Menschen, die mich zu Hause erwarten?*

Natürlich kennt Louise einige Affirmationen, die
wir anwenden können, während wir auf die Haus-
oder Wohnungstür zugehen:

Guten Abend, Haus, ich bin wieder da.

Ich bin so froh, hier zu sein. Ich liebe mein Zuhause.

Ich freue mich darauf, meine Familie zu sehen.

*Heute werden wir einen wunderschönen gemeinsamen
Abend verbringen.*

*Die Kinder erledigen ihre Schulaufgaben in null
Komma nichts.*

Das Abendessen gelingt mir leicht und mühelos.

»Freuen Sie sich auf Ihren Abend zu Hause?«, fährt
Louise fort. »Wenn ja, warum? Wenn nein, warum
nicht? Woran denken Sie, während Sie das Abend-

essen zubereiten? Ist das Abendessen angenehm, oder fühlen Sie sich dabei frustriert oder ärgerlich? Essen Sie minderwertiges Fast Food oder wirklich nahrhafte Lebensmittel? Und wie sieht Ihr Selbstgespräch aus, während Sie den Tisch abräumen oder den Abwasch erledigen? Freuen Sie sich darauf, ins Bett zu gehen?«

Ich lächle, als ich Louises letzte Frage höre. Ich freue mich immer darauf, ins Bett zu gehen. Wenn mein Arbeitstag beendet ist, räume ich meinen Schreibtisch auf, mache Pläne für den nächsten Tag und schließe dann die Bürotür hinter mir. Denn den Arbeitstag deutlich und bewusst abzuschließen ist wichtig. Wenn es Zeit ist, ins Bett zu gehen, freue ich mich auf mein Schlafzimmer als Hort der Geborgenheit – einen Ort der Regeneration und Heilung. Wenn mich jemand nach meinen Erfolgsgeheimnissen fragt, steht ein guter, erholsamer Nachtschlaf ganz oben auf der Liste. Ich gönne mir davon mindestens acht Stunden. Das sorgt bei mir für Energie und Wohlbefinden. Ich habe es mir zur Regel gemacht, dabei wirklich auf die Bedürfnisse meines Körpers zu achten.

Um den Schlaf zu bekommen, den ich benötige, halte ich mich an ein paar einfache Grundsätze:

• Ich gehe jeden Abend möglichst zur gleichen (vernünftigen) Zeit schlafen.

- Kein Fernsehgerät im Schlafzimmer.

- Das Zimmer sollte dunkel und angenehm kühl sein.

- Mindestens drei bis vier Stunden vor dem Schlafengehen esse ich nichts und trinke keine koffeinhaltigen Getränke.

- Ich verwende weiche, angenehme Bettwäsche.

- Ich wärme mein Bett mit einem Heizkissen vor. (Das Kissen wird dann abgeschaltet und der Stecker herausgezogen.)

- Ich lese ein gutes Buch, um schläfrig zu werden.

Normalerweise halte ich mein Schlafzimmer elektronikfrei, aber manchmal, so gestehe ich Louise, kommt es doch vor, dass ich mich von einem Nachrichtenereignis fesseln lasse und im Bett auf meinem Handy die neuesten Entwicklungen verfolge.

Ihre Reaktion darauf ist jedoch unmissverständlich: »Nein, nein, nein! Wenn Sie sich unmittelbar vor dem Einschlafen Nachrichten anschauen, nehmen Sie diese ganze Negativität in Ihre Traumwelt mit. Ich bin absolut dagegen, dass die Leute im Bett Nachrichten lesen oder anschauen!«

Aber ich informiere mich im Internet, sage ich, auf Webseiten, wo ich selbst auswählen kann, welche

Nachrichten ich lese. Ich bin sehr sensibel und meide Berichte über Gewalt und Krieg, die mich mit einem Gefühl der Hilflosigkeit oder des Unbehagens zurücklassen.

»Es ist mir gleich, um was für Nachrichten es sich handelt«, unterbricht mich Louise. »Sie sollten sehr genau darauf achten, womit Sie vor dem Einschlafen Ihr Bewusstsein füllen. Ich kann das gar nicht genug betonen.«

Wieder einmal erinnert sie mich daran, dass eine fürsorgliche Haltung uns selbst gegenüber mit der sorgfältigen Auswahl unserer Gedanken beginnt. Allzu leicht verschließen wir die Augen vor unseren schlechten Denkgewohnheiten, durch die wir unsere emotionale oder mentale Gesundheit aufs Spiel setzen.

Dass Louise sich so entschieden gegen Nachrichtenkonsum vor dem Einschlafen ausspricht, überzeugt mich, zu dieser Zeit keine Nachrichten mehr zu lesen. Stattdessen werde ich mich ab jetzt lieber einem guten Buch widmen.

»Ich lese vor dem Einschlafen gerne zu Herzen gehende Geschichten oder etwas Inspirierendes«, sagt Louise. »Lesen ziehe ich allem anderen vor. Ich sehe ohnehin nur selten fern. Für mich ist das Fernsehen etwas Neumodisches – ich bin nicht damit aufgewachsen. Oft höre ich mir auch Meditations-CDs an, und manchmal, wenn ich den Ton leise stelle, schlafe ich dabei ein. In der Regel spreche ich vor dem Zubettgehen einen Segen – ein Danke-schön für den Tag und für das, was ich erreicht habe. Danach begrüße ich mein Bett und bereite mich für die Nachtruhe vor. Manchmal lasse ich den Tag noch einmal vor meinem inneren Auge Revue passieren, aber nicht immer. Der Tag ist vorüber.«

Und zum Abschluss unseres Kapitels über die bewusste Tagesgestaltung frage ich Louise, ob es ein Ritual gibt, das sie unmittelbar vor dem Einschlafen praktiziert.

»Ich schließe die Augen und atme ein paarmal tief durch. Dann denke ich beim Einatmen ›Das Leben‹ und beim Ausatmen ›liebt mich‹. Während ich in den Schlaf gleite, wiederhole ich diese Affir-mation immer wieder. *›Das Leben liebt mich. Das Leben liebt mich. Das Leben liebt mich.‹*«

Das ist wirklich ein hervorragender Abschluss für jeden Tag …

5.

Brechen Sie nicht mit Gewohnheiten —
lösen Sie sie auf!

Wir haben uns verfahren. Mein Mann Michael und ich sind mit unserer guten Freundin Ileen unterwegs zur Wizarding World von Harry Potter in Orlando, Florida. Ich soll am Wochenende auf einer dort in der Nähe stattfindenden Konferenz einen Vortrag halten, was mir Gelegenheit für ein weiteres Treffen mit Louise gibt. Und außerdem haben wir drei beschlossen, uns davonzuschleichen, um vor der Konferenz unseren inneren Kindern etwas Unterhaltung zu gönnen.

Die Fahrt hat länger gedauert, als wir dachten, und jetzt geht uns langsam das Benzin aus – buchstäblich und emotional. Wir sind erst spät losgefahren, da die Formalitäten bei der Übernahme des Mietwagens sich in die Länge zogen, und nun sind nur noch ein paar Stunden übrig, bis der Park schließt.

Als Michael, Ileen und ich endlich dort eintreffen, fahren wir auf das Gelände und versuchen, den Hinweisschildern zum Parkplatz zu folgen. Doch die

Beschilderung ist verwirrend, und mein Mann und ich geraten in einen kurzen Streit darüber, welcher Weg eingeschlagen werden soll. Ich zeige in die eine Richtung und hoffe, ich habe recht, doch als er dorthin abbiegt, wird schnell klar, dass dem nicht so ist. Wir werden wieder auf den Highway zurückgeleitet, weg vom Park. Weit und breit ist keine Wendemöglichkeit und auch keine Tankstelle in Sicht. Wir werfen besorgte Blicke auf die fast am unteren Ende angekommene Tankanzeige. Jetzt sind Michael und ich ziemlich wütend aufeinander, aber zu höflich, um in Gegenwart unserer Freundin etwas zu sagen.

Die Spannung dieses unausgesprochenen Ärgers hängt wie ein schwerer Vorhang zwischen uns, während mein Ego sich der Situation bemächtigt. *Dass wir falsch abgebogen sind, lag nicht an mir, sondern nur an dieser blöden, verwirrenden Beschilderung! Hätte Michael vorher besser aufgepasst, wäre es gar nicht so weit gekommen. Immer wartet er darauf, dass ich eine Entscheidung treffe. Warum hat er nicht selbst entschieden?* So drehen sich meine Gedanken immer weiter. Ich bin überzeugt, recht zu haben.

Gleichzeitig weiß ich genau, dass Michael sich jetzt innerlich fertigmacht, weil er nicht an der Stelle abgebogen ist, wo sein Instinkt es ihm riet. Ileen ist klug genug, sich auf dem Rücksitz in Schweigen zu hüllen und geduldig abzuwarten, bis wir die Lage wieder im Griff haben.

Während ich vor Wut kochend hier im Auto sitze, muss ich daran denken, was Louise über die bewusste Wahl guter Gedanken gesagt hat. Für Sekundenbruchteile öffnet sich in meinem Bewusstsein eine Tür, und ich sehe einen Lichtschimmer. Ich entscheide mich für eine andere Herangehensweise. Statt die Hölle umzudekorieren, indem wir uns darüber streiten, wer was falsch gemacht hat (eine Gewohnheit, auf die uns schon vor langer Zeit ein hilfreicher Therapeut aufmerksam machte), treffe ich eine andere Wahl. Ich lege meine Hand auf seine und sende ihm mental Liebe, ohne etwas zu sagen.

Ich blicke nach vorn auf die Straße und visualisiere, dass Liebe aus einer Göttlichen Quelle von oben in meinen Körper und durch meine Hand in Michaels Hand und von dort in sein Herz fließt. Diese Visualisierung behalte ich einige Minuten lang bei. Ich spüre, wie Michaels Energie wieder weicher wird. Ich fahre fort, ihm Liebe zu senden, und nun bemerke ich etwas Interessantes.

Auch ich fühle Liebe. Statt weiter wütend darüber zu sein, dass wir falsch abgebogen sind, fühle ich plötzlich mit Michael mit. Ich kann mir vorstellen, wie wütend er auf sich selbst ist. Warum soll ich es durch einen Wutausbruch und Vorwürfe dann noch schlimmer machen?

Und während ich Michael Liebe sende, spüre ich, wie seine Abwehrhaltung nachlässt und er sich entspannt … und im nächsten Moment taucht vor uns eine Tankstelle auf, wo wir Benzin nachfüllen und wenden können. Dreißig Minuten später betreten wir lachend und scherzend den Park, bereit, Muggels, Zauberer und – wer weiß? – vielleicht sogar Harry Potter persönlich zu treffen.

Beim nächsten Treffen mit Louise erzähle ich ihr von meinem Harry-Potter-Erlebnis. Ich sage ihr, wie überrascht ich immer noch bin, dass etwas so Einfaches einen so tief gehenden Einfluss auf den weiteren Verlauf unseres Ausflugs haben konnte. Zuvor hatte ich schon viele Male während eines unsinnigen (oder manchmal gar nicht so unsinnigen) Streits versucht, meine Abwehr aufzugeben und liebevoll zuzuhören, aber das hatte sich jedes Mal so unnatürlich angefühlt – als würde ich klein beigeben. Schließlich versteht mein Ego es meisterhaft, seinen Standpunkt rational zu begründen. Warum soll ich klein beigeben, wenn ich im Recht bin? Ignoriere ich nicht einfach das Problem, wenn ich stattdessen Liebe ausstrahle? Und wie sollen wir uns gegenseitig zu Wachstum und Entwicklung anregen, wenn wir nicht bereit sind, für unsere persönliche Wahrheit einzustehen?

»Das Ego hat nur ein Ziel«, sagt nun Louise zu mir. »Es will recht haben. Und es hat die Angewohnheit, seinen Standpunkt zu rechtfertigen. Es versucht immer, Schwächen in der Argumentation des anderen

zu finden, um als Sieger aus dem Streit hervorzuge-
hen. Der Gedanke, dass es genügen könnte, sich auf
ein positives Resultat zu konzentrieren und Liebe
auszustrahlen, scheint auf den ersten Blick vielleicht
allzu simpel. Aber es funktioniert tatsächlich. In Ihrem Fall haben Sie, statt durch Streit und Vorwürfe
das Problem zu affirmieren, einfach innerlich gelä-
chelt und Ihrem Mann Liebe übermittelt, und das
Resultat spricht für sich!«

Zwar war es mir nicht ganz leichtgefallen, mein
Ego auszuschalten, aber ich musste zugeben, dass
Louise recht hatte. Es funktionierte wirklich.

»Allzu oft meinen wir, ein Problem hin und her
wälzen zu müssen«, fährt sie fort. »Wir wollen unbedingt die Lösung finden, und zwar *jetzt*. So gehe ich
heute nicht mehr mit Problemen um. Je besser Sie
sich von einem Problem lösen können, desto schneller findet sich die Lösung. Daher liebe ich die Affirmation: *Alles ist gut. Alles entfaltet sich zu meinem
höchsten Wohl. Aus dieser Situation entsteht nur Gutes.
Ich bin immer sicher und geborgen.* Dadurch werden
Sie ganz aus dem Problem herausgehoben, dorthin,
wo es Lösungen gibt. Dann sagen Sie dem Leben
nicht länger, wie es eine Lösung schaffen soll – Sie
bejahen einfach, dass das Leben aus sich heraus die
bestmögliche Lösung für alle Beteiligten findet.

Ihr Erlebnis, das Sie mit Ihrem Mann im Auto
hatten, ist ein wunderbares Beispiel dafür, denn Sie

haben wirklich sehr wenig getan. Sie hätten sich den ganzen Tag lang mit ihm streiten können, und dann hätten Sie sich beide miserabel gefühlt.«

Das ist zweifellos richtig. Wenn wir uns innerlich entspannen und bereit sind, zuzuhören, ermöglichen wir damit positive Veränderungen in unseren Beziehungen und Partnerschaften. Als Michael und ich nach dem Parkbesuch in unser Hotel zurückkehrten, waren wir in der Lage, ruhig und konstruktiv über den Vorfall zu sprechen.

Mit den Jahren lernten wir, dass keine Kommunikation möglich ist, wenn wir eine Abwehrhaltung einnehmen und unseren Standpunkt verteidigen. Dann geht gar nichts. Außerdem haben wir gelernt, dass es wichtig ist, ein Problem loszulassen, wenn wir es in liebevoller Weise »bearbeitet« haben. Wenn man es später doch wieder hervorkramt oder sich darüber beklagt, ist Ärger vorprogrammiert.

»Wenn ein Problem gelöst wurde, sollten wir uns klarmachen, dass es nun vorbei ist«, lehrt Louise. »Es ist erledigt. *Oder wollen Sie sich etwa in der Gegenwart schlecht fühlen, weil Sie sinnlos in der Vergangenheit herumstochern?* Und wir sollten nicht zu den Leuten gehören, die sich ständig über alles Mögliche beklagen. Leute, die andauernd jammern und sich beklagen, sind eine Plage für ihre Umwelt. Ja, und nicht nur das – sie fügen ihrer eigenen Welt damit schweren Schaden zu. Wenn wir über Probleme kla-

gen, neigen wir dazu, uns auf sie zu konzentrieren –
immer wieder, dutzendmal oder noch öfter.«

Ich zucke innerlich zusammen, denn ich muss an
all die Energie denken, die ich im Lauf der Jahre
damit vergeudet habe, mich über alles und jeden zu
beklagen, über meine viele Arbeit zum Beispiel oder
darüber, was Michael tut oder nicht tut. Bevor ich
lernte, welche Macht meine Gedanken haben, ließ
ich meiner »inneren Meckerziege« freien Lauf und
beschwerte und beklagte mich, wo es ging – obwohl
dadurch nichts, aber auch gar nichts besser wurde.

»Die meisten Menschen haben die Angewohnheit, sich in Gedanken ständig zu beklagen«, sagt
Louise. »Doch immer, wenn wir das tun, ist es eine
Affirmation, und zwar eine sehr negative Affirmation. Je mehr wir uns beklagen, desto mehr Gründe
finden wir, uns zu beklagen. Das Universum bringt
uns immer das, worauf wir uns konzentrieren. Je
mehr wir uns auf das konzentrieren, was in unserem
Leben nicht gut läuft, desto mehr Mängel und Probleme entdecken wir. Und desto schlechter fühlen
wir uns. Das ist ein Teufelskreis. So machen wir uns
selbst zu Opfern des Lebens.«

Dann haben wir das Gefühl, uns in ausgefahre-
nen Gleisen zu bewegen und keinerlei Fortschritte
zu machen. Das können wir nur ändern, wenn wir
uns endlich in den Fahrersitz setzen und anfangen,
unser Denken bewusst zu steuern.

»Ja. Diese negative Lawine kann nur der Mensch, der sich gewohnheitsmäßig beklagt, selbst stoppen. Aber dazu muss er erstens erkennen, *was* er da eigentlich tut. Und zweitens muss er herausfinden, *wann* er es tut. Nur wenn wir bemerken, dass wir gerade eine negative Affirmation gedacht oder ausgesprochen haben, können wir daran etwas ändern. Wenn die Leute diese selbstschädigende Gewohnheit aufgeben, werden sie nicht länger Opfer sein, sondern sie werden zu bewussten Schöpfern ihres eigenen Lebens.

Ganz gleich, welche schlechte Angewohnheit wir auflösen wollen, sei es die Sucht, uns zu beklagen, oder etwas anderes – es ist immer der gleiche Vorgang. Beachten Sie, dass ich *auflösen* gesagt habe. Es geht nicht darum, die Gewohnheit zu bekämpfen und zu besiegen. Bei einem Kampf bleiben immer Trümmer übrig, die uns dann im Weg herumliegen. *Wenn wir etwas auflösen, verschwindet es vollständig.*

Ich stelle mir gerne vor, dass es in das Nichts zurückkehrt, aus dem es gekommen ist. Gewohnheiten kommen aus dem Nirgendwo, und sie können auch wieder im Nirgendwo verschwinden. Wir alle haben Gewohnheiten. Manche tun uns gut, sind hilfreich und unterstützend, andere jedoch schaden uns. Also sollten wir die auswählen, die uns dabei helfen, ein Leben zu erschaffen, das erfüllt ist von Liebe, Freude, Wohlstand, guter Gesundheit und innerem Frieden.«

Wir müssen uns also erinnern, wer die Gewohnheiten erschuf, mit denen wir heute leben, und wer die Macht besitzt, sie zu ändern.

»Ja. Wenn es in unserem Leben etwas Negatives gibt, müssen wir herausfinden, wie *wir selbst* dazu beitragen. Auf welche Weise ziehen wir negative Zustände in unser Leben und erhalten sie aufrecht? Wir alle sind machtvolle Schöpferinnen und Schöpfer und wir sind pausenlos schöpferisch. Ich habe aus Erfahrung gelernt, dass wir nur dann ein glückliches Leben führen können, wenn wir uns unseres negativen inneren Geplappers bewusst werden. Was denken wir gerade? Warum denken wir gerade diesen Gedanken? Was erschafft dieser Gedanke in unserer Welt?

Sind Sie sich einer Gewohnheit erst einmal bewusst geworden, besteht der nächste Schritt darin, sich nicht mit Selbstvorwürfen niederzumachen, weil Sie so negativ denken. Stattdessen sollten Sie sich darüber freuen, dass Ihnen nun bewusst wird, was Sie tun. Sagen Sie sich: *Kein Wunder, dass es in meinem Leben diese negative Reaktion gibt – das kommt daher, dass ich diesen negativen Gedanken denke. Nun möchte ich bewusst darauf achten, wann das geschieht, damit ich die Gewohnheit auflösen kann.* Und wenn Sie sich das nächste Mal bei diesem Gedanken ertappen, sagen Sie: *Schön, dass ich es bemerkt habe. Das ist Teil des Auflösungsprozesses. Ich mache Fortschritte.*

Schließlich soll das Aufgeben der alten Gewohnheit ein befriedigender Prozess sein, der sich gut anfühlt. Bleiben Sie in der Gegenwart und blicken Sie möglichst positiv in die Zukunft.«

Meine Irrfahrt mit Michael ist ein Beispiel für jene Art von Alltagsherausforderungen, die uns allen immer wieder begegnen. Wenn wir mehr Bewusstheit und zielgerichtete Absicht entwickeln, kann es dennoch immer wieder geschehen, dass uns alte Gewohnheiten, Glaubenssätze und Lebensumstände vom Kurs abbringen, besonders wenn wir unter Stress stehen. Louise und ich sprechen nun über einige weit verbreitete Gewohnheiten, die unbedingt aufgelöst werden sollten – Hindernisse jener Sorte, mit denen Menschen sich immer wieder in Schwierigkeiten bringen. Die erste dieser Gewohnheiten hat mit dem Geld zu tun.

Wöchentlich moderiere ich *Coach on Call*, eine Radio-Livesendung im Internet, bei der ich Coaching-Ratschläge für Menschen aus aller Welt gebe. Oft rufen dabei Leute an, die glauben, sich durch eine Geschäftsgründung schnell aus ihrer finanziellen Misere befreien zu können. Oder sie denken, ein Lottogewinn würde genügen, um sich endlich sicher und glücklich zu fühlen. Sie stecken tief im

»magischen Denken« fest und glauben an eine Zu-
kunftsfantasie, die sie aber doch nicht wirklich wei-
terbringt.

»Viel zu viele Menschen glauben, Geld wäre alles,
was sie brauchen, um glücklich zu sein. Dann wären
alle ihre Probleme gelöst«, sagt Louise. »Es gibt jedoch genug Menschen, die reich geworden sind und
trotzdem immer noch eine Menge Probleme haben.
Viele Probleme lassen sich nun einmal mit Geld
nicht lösen. Wir alle wünschen uns, glücklich zu sein
und geistigen Frieden zu erlangen, aber Glück und
Wohlbefinden sind *innere* Zustände. Auch mit wenig
Geld kann man sie erleben. Es liegt immer daran,
was Sie denken. Durch Ihr Denken erschaffen Sie
sich einen inneren Zustand des Reichtums oder der
Armut.

Wie viel Geld wir uns selbst zugestehen, hängt
davon ab, woran wir glauben und was wir als Kinder von den Erwachsenen über das Geld gelernt
haben. Zum Beispiel fällt es vielen Frauen schwer,
mehr Geld zu verdienen als ihr Vater. Glaubenssätze
wie *Ich darf nicht erfolgreicher sein als mein Vater* oder
Nur Männer dürfen viel Geld verdienen behindern
ihren Erfolg, oft ohne dass sie sich dessen bewusst
sind. Und, ja, es gibt tatsächlich diesen Glaubens-
satz: *Wenn ich im Lotto gewinnen würde, wären alle
meine Probleme gelöst.* Das ist natürlich Unsinn. Es
dauert meistens nur ein oder zwei Jahre, dann sind

Lottogewinner in der Regel in einer schlechteren Situation als vor dem vermeintlichen Geldsegen. Das liegt daran, dass ihr Bewusstsein das alte geblieben ist und den neuen Reichtum nicht wirklich integriert hat. Oft mangelt es ihnen an der Fähigkeit, mit dem Geld angemessen umzugehen, und außerdem glauben viele nicht wirklich, den gewonnenen Wohlstand zu verdienen.

Je mehr wir uns dafür entscheiden, an ein Universum der Fülle zu glauben, desto mehr werden wir erleben, dass für alle unsere Bedürfnisse gut gesorgt wird. Hierbei hilft uns die Affirmation: *Das Leben liebt mich, und jederzeit ist für alle meine Bedürfnisse gesorgt.*«

Ich erzähle Louise, wie sehr mir mit Anfang 30 meine finanziellen Ängste zu schaffen machten. Ich lebte damals allein und kämpfte darum, mir eine Existenz als Vortragsrednerin und Lebensberaterin aufzubauen. Ständig machte ich mir Sorgen, wie ich meine Rechnungen bezahlen sollte. Die meiste Zeit hatte ich solche Existenzangst, dass ich immer nur an das eine Problem denken konnte: kein Geld. Ich war überzeugt, dass es nichts helfen würde, meine Angst mit Fantasien vom plötzlichen großen Erfolg oder einem Lottogewinn zu betäuben. Stattdessen verfiel ich ins andere Extrem und glaubte, meine Lebensumstände würden sich auf magische Weise wandeln, wenn ich mir nur genug Sorgen machte.

»Wenn wir uns Sorgen machen, wiederholen wir unsere sorgenvollen Gedanken ständig, und so wird unsere Angst immer größer«, sagt Louise dazu. »Wir jagen uns mit den von uns gewählten Gedanken Angst ein. Doch wenn wir unsere positiven Affirmationen ebenso oft wiederholen oder sogar noch öfter als die Furcht- und Sorgengedanken, wirkt das Wunder. So können wir unsere negativen Zustände umwandeln, und zwar bei jedem Problem.«

Während jener Phase meines Lebens gab ich mir alle Mühe, mich auf positive Affirmationen zu konzentrieren, doch es fiel mir schwer, diese Praxis aufrechtzuerhalten, während solche starken Angstgefühle mich plagten. Damals lernte ich etwas sehr Wichtiges: Affirmationen *und* dementsprechendes Handeln sind der Schlüssel zum Erfolg.

Als ich schließlich der Tatsache ins Auge sah, dass ich dringend einen Job benötigte, und anfing, danach zu suchen, kooperierte ich plötzlich mit dem Leben. Und von diesem Moment an änderten sich meine Lebensumstände. Ich benutzte die Affirmation *Der perfekte Job kommt jetzt zu mir* als ständiges Mantra *und* knüpfte aktiv ein enges Netzwerk von beruflichen Kontakten.

Indem ich mich in einen zielstrebigen, fokussierten Bewusstseinszustand versetzte, konnte ich entdecken, dass das Leben die Ressourcen, Menschen und guten Gelegenheiten zu mir führte, die ich in der jeweiligen Situation gerade benötigte, um sie zum Besseren zu verändern.

»Wenn wir bereit sind, unsere Arbeit zu tun, also unser Bewusstsein zu verändern, indem wir unsere Gedanken verändern, *und* dementsprechend handeln, dann versetzt uns das in die Lage, uns ein neues Leben zu erschaffen, das viel großartiger ist als alles, wozu ein Lottogewinn uns verhelfen könnte«, sagt Louise. »Der Erfolg und der Wohlstand, die wir auf diesem Weg erlangen, werden von Dauer sein, denn wir haben unser Bewusstsein verändert und unsere Glaubenssätze weiterentwickelt.

Aber denken Sie immer daran, dass zwar alle Leute glauben, Geld würde glücklich machen, aber dass dies nicht wirklich die Quelle des Glücks ist. Wenn Sie sich selbst nicht lieben können, wenn Sie nicht vergeben können, wenn Sie nicht dankbar sein können, hilft es Ihnen gar nichts, steinreich zu werden. Sie haben dann nur mehr Dienstpersonal, das Sie anschreien können.«

Louise und ich sprechen darüber, welche einfachen Schritte wir unternehmen können, um Gewohnheiten aufzulösen, die mit finanziellem Mangel in Zusammenhang stehen.

Erstens: Konzentrieren Sie sich auf die Vorstellung, Gutes zu verdienen und es wert zu sein, sich materieller Fülle zu erfreuen. Das wird es Ihnen ermöglichen, Wohlstand in Ihr Leben einzuladen *und* ihn auch zu empfangen. Verwenden Sie Affirmationen wie diese:

Dankbar akzeptiere ich alles Gute, was jetzt Teil meines Lebens ist.

Das Leben liebt mich und sorgt für mich.

Ich vertraue darauf, dass das Leben es gut mit mir meint.

Ich bin es wert, Wohlstand und Fülle zu erleben.

Das Leben sorgt stets für alle meine Bedürfnisse.

Fülle strömt jeden Tag auf überraschende Weise in mein Leben.

Mein Einkommen wächst stetig.

Ich gedeihe in jeder Hinsicht.

Suchen Sie sich eine oder zwei dieser Affirmationen aus, die Sie dann während des Tages sehr oft wiederholen. Schreiben Sie sie mehrfach hintereinander in ein Tagebuch oder auf einen Zettel. Hängen Sie sie zu Hause oder im Büro auf und sprechen oder denken Sie sie jedes Mal, wenn Sie in den Spiegel schauen.

Schreiben kann ein wunderbarer Weg sein, zu Weisheit und wertvollen Einsichten zu gelangen.

Nehmen Sie sich also etwas Zeit, um in einem Tagebuch oder Notizbuch der folgenden Frage nachzu-
gehen:

*Welche Gewohnheit muss ich auflösen, um die finan-
zielle Situation zu erschaffen, die ich mir wünsche?*

Wenn Sie sich etwas Zeit nehmen, um dieser Frage
auf den Grund zu gehen, finden Sie möglicherweise
heraus, dass Sie in der Zukunft leben und sich stärker auf die Dinge konzentrieren, die passieren *könnten*, statt auf die Realität dessen, was hier und jetzt
zu tun ist. Oder Sie müssen endlich der Situation ins
Auge sehen, dass Sie nicht immer noch mehr Geld
ausgeben können, solange Sie nicht in der Lage sind,
Ihre aktuellen Ausgaben abzudecken.

Identifizieren Sie nun den Schritt, den Sie jetzt als
Nächstes gehen müssen, um Ihre finanzielle Gesundheit zu verbessern. Richten Sie Ihre Aufmerksamkeit auf diese eine Handlung – vorzugsweise
die, vor der Sie sich schon viel zu lange gedrückt
haben – und unternehmen Sie innerhalb der nächsten 24 Stunden einen konkreten Schritt zur Lösung
des Problems.

Vielleicht müssen Sie endlich eine bestimmte
Rechnung bezahlen, Ihre Steuererklärung abgeben
oder Ihre Kreditkarte nicht weiter belasten. Oder

Sie müssen sich dazu durchringen, kurzfristig jeden Job anzunehmen, der Geld in die Haushaltskasse bringt, weil Ihnen nur das den nötigen Spielraum verschafft, sich eine wirklich befriedigende Arbeit zu suchen. Denken Sie daran: Wenn Sie Ihre Absichten affirmieren *und* aktiv handeln, bringen Sie sich in Einklang mit der Energie des Universums. Damit laden Sie das Leben dazu ein, Ihnen entgegenzukommen – und genau das wird es auch tun! (Wenn Sie unsicher sind, welche erste Maßnahme zur Besserung Ihrer finanziellen Lage Sie ergreifen sollen, fragen Sie eine vertrauenswürdige Person aus Ihrem Freundeskreis oder Ihrer Verwandtschaft um Rat. Es sollte jemand sein, der Sie gut kennt und dem Ihr Wohl wirklich am Herzen liegt.)

Hier ist ein weiteres häufig anzutreffendes Problem: der Wunsch und die Hoffnung, dass die Menschen in unserer Umgebung doch noch »einsichtig werden« und sich ändern.

Wie soll man sich verhalten, wenn ein Mensch erkennbar unter Problemen leidet, jedoch nichts unternimmt, um etwas an seiner Situation zu ändern?

Bei einem Seminar, das ich leitete, stellte ich den Teilnehmerinnen die Frage, wo sie im Hinblick auf eine bessere Selbstfürsorge das Gefühl hatten, blockiert zu sein und nicht weiterzukommen. Eine Frau Mitte 40 griff sofort zum Mikrofon und berichtete uns aus ihrem leidensreichen Leben. Es schien, dass sich bei ihr Krise an Krise reihte. Die jüngste dieser Krisen hatte mit ihrer Arbeit zu tun. Man hatte sie zu Unrecht beschuldigt, eine Kollegin »gemobbt« zu haben, und nun fürchtete sie, entlassen zu werden.

Während sie uns in aller Ausführlichkeit die Einzelheiten der Situation schilderte, konnte ich nachfühlen, was sie durchmachte – und es war offensichtlich, dass sie dem Problem viel mehr Energie zuführte als einer möglichen Lösung. Also unterbrach ich sie und schlug vor, sie solle eine andere Herangehensweise versuchen. »Warum beginnen Sie eine positive Veränderung der Situation nicht damit, dass Sie eine andere Sprache benutzen?«, regte ich an. »Zum Beispiel könnten Sie beginnen, indem Sie affirmieren: *Ich freue mich darüber, dass eine friedliche Lösung für dieses Problem gefunden wird. Die unangenehme Arbeitssituation löst sich jetzt schnell auf, und alle sind mit dem Ergebnis zufrieden.* Oder versuchen Sie: *Ich löse mich jetzt von Problemen und Krisen und finde meinen inneren Frieden als Energiequelle.*«

»Das kann ich nicht«, widersprach sie mit unüberhörbarer Gereiztheit in der Stimme. »Meine Kollegin ist eine totale Idiotin, und sie lügt wie gedruckt.«

Mehrere Minuten lang führten wir einen Tanz der Egos auf. Ich versuchte, eine Öffnung in ihrem

angstbesetzten Bewusstsein zu finden, um es ihr zu
ermöglichen, die Situation in einem neuen Licht zu
sehen, während sie sich bemühte, mir verständlich
zu machen, warum das nicht funktionieren würde.
Ich wusste genau, was da bei ihr ablief. Diese Frau
war es gewohnt, aus der Dramatisierung ihrer Situation Energie zu gewinnen. In der Vergangenheit
hätte ich viel zu viel Zeit darauf verwendet, sie zum
Umdenken zu bewegen. Aber da ich diesen Tanz inzwischen durchschaute, wusste ich, dass es besser
war, wenn ich ihr Bedürfnis, sich zu rechtfertigen,
akzeptierte, solange sie noch nicht bereit dafür war,
ihre Perspektive zu ändern. Also zog ich mich höflich aus der Affäre und wandte mich einer anderen
Frage zu.

Louise erklärt dazu: »Das passiert dann, wenn
Leute nicht bereit sind, sich zu ändern. Man kann
Vorschläge machen, wie jemand sein persönliches
Wachstum vorantreiben kann, aber die Entscheidung, die Arbeit dann auch tatsächlich zu tun, muss
jeder selbst treffen. Wir sollten uns nicht wünschen,
dass Menschen etwas tun, was sie nicht tun können,
oder etwas sind, was sie nicht sein können. Ich habe
immer gesagt, dass ich keine Verkäuferin bin. Ich
bin nicht dazu da, eine Lebensweise zu verkaufen.
Ich bin eine Lehrerin. Wenn Sie kommen und etwas
von mir lernen möchten, werde ich Sie gerne unter-
richten – aber ich werde Ihnen nichts aufzwingen.

Sie müssen Ihr Denken schon selbst ändern. Das ist Ihr Privileg. Sie haben die Freiheit, alles zu glauben, was Sie glauben wollen. Und wenn Sie einen Schritt in die von mir empfohlene Richtung tun und meine Methoden ausprobieren möchten, ist das gut, aber wenn nicht, ist es auch in Ordnung. Dann machen Sie einfach Ihr eigenes Ding.

Wir stehen alle unter dem Gesetz unseres eigenen Bewusstseins. Daher wird jedes Problem auf der Bewusstseinsebene der betroffenen Person erschaffen. Deshalb können Sie mit *Ihrem* Bewusstsein die Situation anderer Menschen nicht verändern. Vielmehr muss *deren* Bewusstsein sich verändern. Die Frau aus Ihrem Seminar wird so lange dramatische, belastende Situationen in ihr Leben ziehen, bis sie erkennt, dass *sie selbst* schöpferischen Einfluss auf diese Situationen hat. Nicht *die da draußen* sind schuld – *wir* erschaffen die Probleme in unserer eigenen Welt. Die Gedanken und Glaubenssätze dieser Frau tragen zu den Problemen bei, über die sie sich beklagt.

Wenn Menschen Affirmationen ablehnen und beschließen, das, was Sie und ich lehren, als Unsinn abzutun, der nicht funktioniert, werden sie einfach immer wieder die gleichen Probleme erleben, was doch wirklich schade ist. Dabei funktionieren Affirmationen sehr wohl. Man muss sie nur beharrlich und konsequent anwenden.«

Unsere Gedanken beeinflussen unmittelbar unsere Lebenserfahrung. Auf diese Weise tragen wir zu allem bei, was in unserem Leben geschieht. Wenn wir ein problembeladenes Leben führen, sollten wir uns angewöhnen, unsere Gedanken und Energie auf produktivere Weise zu nutzen. Affirmationen weisen uns einen neuen Weg, sodass wir uns auf bessere Resultate konzentrieren können.

»Und der Schlüssel besteht darin, negative Gedanken möglichst schnell zu erkennen, sodass wir uns gar nicht mehr in die alten Verhaltensmuster hineinziehen lassen«, fährt Louise fort. »Wir müssen innehalten und sagen: ›Oh, was tue ich mir denn da wieder an? Es betrifft ja gar nicht die andere Person. Es betrifft mich. Was kann ich tun, jetzt sofort, um die Energie positiv zu verändern?‹ Was die andere Person auch tun mag in Reaktion auf uns oder die Situation, *wir* haben es unter Kontrolle, wie wir reagieren. Wir sollten stets beachten, dass das Ziel des Lebens darin besteht, sich so gut wie möglich zu fühlen.«

Was diese Frau während des Seminars betrifft, so war ich schließlich in der Lage, sie ihren eigenen Weg gehen zu lassen. Aber, frage ich Louise, wie soll man sich verhalten, wenn ein nahestehender Mensch nicht bereit ist, sich zu ändern? Vielleicht ist der alte Vater ständig negativ, oder die Ehefrau ist nicht bereit, ihrem Mann auf den Pfad der Selbstentdeckung zu folgen. Wie gelangt man in einer solchen Situation zu innerem Frieden?

»Vor vielen Jahren, als ich mit Aidspatienten arbeitete, fand ich heraus, dass viele von ihren Eltern im Stich gelassen worden waren. Und zwar völlig. Als die Eltern erfuhren, dass ihr Kind homosexuell war, verbannten sie es aus der Familie. Oft ging es dabei darum, was die Nachbarn denken würden.

Diesen Männer schlug ich folgende Affirmation vor: *Ich habe eine wunderbare, harmonische Beziehung zu allen Mitgliedern meiner Familie, besonders zu meiner Mutter* (das war in der Regel die Person, mit der sie die größten Probleme hatten).

Ich empfahl ihnen, die Affirmation mehrmals täglich zu wiederholen. Jedes Mal, wenn sie an die betreffende Person denken mussten, sollten sie die Affirmation wiederholen. In Anbetracht der Situation, dass sie von ihrer Familie im Stich gelassen worden waren, kann man sich natürlich vorstellen, dass ihnen das nicht leichtfiel. In ausnahmslos jedem dieser Fälle besserte sich, nachdem die Affirmation zwischen drei und sechs Monaten angewandt worden war, das Verhältnis zur Mutter so weit, dass sie bereit war, ihren Sohn zu einem unserer Treffen zu begleiten.«

Ist das wirklich wahr?, frage ich erstaunt und bewegt.

»Ja.« Louise schweigt für einen Moment.

Sie erinnert sich, und ich sehe, dass ihre Augen feucht werden.

»Und wenn so eine Mutter zu uns kam, begrüßten wir sie mit stehendem Applaus. Das bedeutete uns sehr viel. Es war so heilend. Väter zu einem Besuch bei uns zu bewegen war schwieriger, aber die Mütter kamen – und erlebten, wie viel Liebe ihnen diese ›Homosexuellen‹ schenken konnten.

Natürlich können Sie sagen: Ist es nicht verrückt anzunehmen, dass eine simple Affirmation in einer so schwierigen Situation etwas bewirken könnte? Was soll sie schon ausrichten? Wie kann sie das Verhalten eines anderen Menschen beeinflussen? Ich weiß es nicht. Sie wurde in den Äther hinausgesendet, und statt schreckliche Gedanken bezüglich ihrer Familie zu denken, fingen diese Männer an, einen Raum zu schaffen, in dem eine harmonische Beziehung möglich wurde. Ich weiß nicht, wie diese Dinge funktionieren. Das ist das Geheimnis des Lebens.«

Ich sage, dass man die Affirmation, eine harmonische Beziehung zu anderen Menschen zu haben, in vielen Situationen anwenden kann, was Louise bejaht.

»Man kann eine harmonische Beziehung zu seinem Chef, den Arbeitskollegen, den Nachbarn oder als schwierig empfundenen Verwandten affirmieren«, sagt sie. »*Affirmieren Sie, statt sich auf das Problem zu konzentrieren, das, was Sie sich wünschen, und*

formulieren Sie es in der Gegenwart, als sei das Ge-
wünschte bereits verwirklicht. Konzentrieren Sie sich
nicht länger auf *Meine Mutter war gemein zu mir.*
Wenn Sie sich auf den unerwünschten Zustand konzentrieren, verleihen Sie ihm damit Energie und
Macht. Konzentrieren Sie sich stattdessen auf Ihr
Ziel. Formulieren Sie die Affirmation nicht so, dass
Sie der anderen Person vorschreiben, wie sie sich
verhalten soll. Affirmieren Sie einfach, dass *Sie*
wunderbar mit allen Mitgliedern Ihrer Familie aus-
kommen – einschließlich Ihrer Mutter. Überlassen
Sie es dem Leben, wie es dieses Puzzle zum höchsten Wohl aller Beteiligten zusammenfügt.

Wenden Sie die Affirmation jedes Mal an, wenn
Sie an die Person oder das Problem denken müssen.
Je schwieriger die Beziehung, desto öfter müssen Sie
die Affirmation wiederholen.«

Und wenn solche Hindernisse auftauchen – etwa
schwierige Konflikte mit einem nahestehenden
Menschen, eine Krankheitsdiagnose oder eine Kün-
digung –, wie können wir dann möglichst schnell
die Fassung wiedergewinnen und zu neuer Fülle,
neuem Glück finden?

»Zunächst einmal sollten Sie sich die erste spon-
tane Gefühlsreaktion zugestehen. Lassen Sie zu, was
immer Sie fühlen. Wenn ich Affirmationen empfehle, meine ich damit nicht, dass Sie sie benutzen
sollen, um Ihren Gefühlen auszuweichen.«

Das ist ein sehr wichtiger Punkt, notiere ich mir. Allzu oft erlebe ich es, dass jemand Affirmationen dazu benutzt, der Wahrheit auszuweichen oder sie zu übertünchen, gewissermaßen mit dem Verstand die Gefühle zu unterdrücken. Doch es ist von Nachteil, wenn unser Kopf sich zum Herrscher über unser Herz aufschwingt. Denn Gefühle können uns wertvolle Informationen liefern.

Wenn Sie sich von Ihrer Arbeit überfordert fühlen, ist sicherlich folgende Affirmation hilfreich: *Ich fühle mich bei der Arbeit friedvoll und ruhig.* Aber Ihr Gefühl könnte auch ein Anzeichen dafür sein, dass Sie Ihre Arbeitslast etwas reduzieren und zum Beispiel nicht immer wieder zusätzliche Projekte übernehmen sollten. Wenn Sie sich in Ihrer Ehe einsam fühlen, ist es sicher eine gute Idee, sich auf das Affirmieren einer harmonischen Beziehung zu konzentrieren, aber vielleicht sollten Sie dieses Gefühl auch zum Anlass nehmen, sich einmal mit Ihrem Ehepartner zusammenzusetzen und offen darüber zu sprechen, was Sie derzeit empfinden. Wenn wir auf unsere Gefühle achten, zeigen sie uns, was gegenwärtig in unserem Leben gut funktioniert und was nicht. *Letztlich entsteht erst aus dem Einklang von Kopf und Herz jene Alchemie, die unseren Affirmationen Kraft verleiht.*

»Haben Sie erst einmal herausgefunden, was vorgeht, und Ihre Gefühle fließen lassen, sollten Sie sich überlegen, wie Sie diesen unangenehmen geistigen Raum so schnell wie möglich verlassen können«, sagt Louise. »Das ist der richtige Zeitpunkt, um sich daran zu erinnern, dass Sie *immer nur in der Gegenwart* schöpferisch sein können. Nur im Hier und Jetzt. Mit jedem Gedanken, den Sie denken, und mit jeder Entscheidung, die Sie hier und jetzt treffen, setzen Sie Ihre Zukunft in Gang. Also sollten Sie sich in der Gegenwart richtig positionieren. Das ist von zentraler Bedeutung.«

Statt also pessimistisch in die Zukunft zu blicken, sollen wir so schnell wie möglich Hoffnung und Optimismus entwickeln?

»Nein. So, wie ich es sehe, ist Hoffnung ein weiteres Hindernis. Wenn Sie sagen: ›Ich hoffe‹, sagen Sie damit eigentlich: ›Ich glaube nicht.‹ Es ist, als würden Sie Ihren Wunsch in eine weit entfernte Zukunft verschieben und glauben, dass er sich vielleicht eines Tages verwirklichen *könnte*. Das ist keine positive Affirmation. Was Sie brauchen, ist eine positive, auf die Gegenwart fokussierte Affirmation. Und dann müssen Sie loslassen.«

Loslassen?

»Ja, loslassen. Klammern Sie sich nicht an das erwünschte Ergebnis. Leiden Sie nicht. Wenn Sie in einer Situation alles Erforderliche getan haben, lassen Sie los. Sich weiter gedanklich mit dem Problem zu beschäftigen hieße, an Erinnerungen festzuhalten, die dann in Ihrem Denken zu viel Platz einnehmen. Also würde ich sagen: Ja, wählen Sie geeignete Affirmationen aus und wiederholen Sie sie nonstop – finden Sie eine oder zwei, bei denen Sie sich wirklich wohlfühlen, und wiederholen Sie sie wieder und wieder. Und wenn Sie Spiegelarbeit machen können, tun Sie das. Es wird Ihnen sehr helfen, weil Sie dadurch eine wirklich tiefe Verbindung zu sich selbst aufbauen können. Schauen Sie in den Spiegel, so oft Sie können, und sagen Sie zu sich selbst: ›Wir schaffen das gemeinsam. Ich liebe dich und ich bin immer für dich da.‹«

Ich schaue auf die Uhr und sehe, dass ich aufbrechen muss, um rechtzeitig zu einer Verabredung zu kommen. Auch wenn ich den Zauber des Augenblicks damit durchbrechen muss, stehe ich auf und schlage vor, dass wir uns später am selben Tag noch einmal zusammensetzen, nach Louises Autogrammstunde – einem zweistündigen Termin, wo Hunderte von Fans aus der ganzen Welt Schlange stehen werden, um sich von Louise Autogrammkarten und Bücher signieren zu lassen.

Während ich mein Notizbuch einstecke, stelle ich Louise eine letzte Frage: Was ist mit den Dingen, über die wir keine Kontrolle haben, den kleinen negativen Ereignissen, die für Stress und Ärger sorgen und uns im Alltag in die Quere kommen? Sie wissen schon: eine ärgerliche E-Mail oder die schnippische Bemerkung einer neidischen Kollegin – wie sollen wir mit solchen Irritationen umgehen?

»Nichts leichter als das«, erwidert sie lächelnd. *»Ich habe kein Verlangen mehr nach Dingen, über die ich mich ärgern würde.«*

Louise sieht mich einen Moment intensiv an, um dieser Botschaft Nachdruck zu verleihen. Ich beende unseren Blickkontakt, schaue auf mein Handy und drücke die Stopptaste der Diktierfunktion.

Stellen Sie sich doch einmal vor, wie angenehm es wäre, sich nicht länger in die stressvollen Inszenierungen anderer Leute hineinziehen zu lassen. Diese Angewohnheit aufzulösen lohnt sich ganz bestimmt!

6.

Die Schönheit der Weisheit

Heute ist ein warmer Novembertag in Tampa, und Louise hat gerade vor den über 3000 Teilnehmern der »I Can Do It«-Konferenz die Begrüßungsrede gehalten. Ich stehe seitlich vom Podium und sehe zu, wie das Publikum in der ausverkauften Halle in herzlichen Applaus ausbricht, als Louise erklärt,sie befinde sich nun in ihrem neunten Lebensjahrzehnt, und das sei bislang das beste Jahrzehnt ihres Lebens. Das ist ein wirklich inspirierender Moment.

Vor dem Hotel fällt mir auf, wie kraftvoll und entschlossen Louise auf den Eingang zugeht. Sie trägt ein geblümtes Crinkle-Shirt und eng anliegende Leggings. Sie strahlt die Energie der Jugend und die Schönheit gealterter Weisheit aus.

Im Hotel gehen wir auf Louises Zimmer. Sofort öffnet sie die Balkontüren, und ich fühle eine angenehme Brise auf der Haut, während ich mir einen Sitzplatz suche. Ich setze mich in einen der Ohrensessel und schlage die Beine übereinander. Auf dem Couchtisch in der Mitte des Zimmers steht ein be-

merkenswertes Blumenarrangement – Lilien, Tul-
pen, Sonnenblumen und himbeerfarbene Rosen.

»Die Blumen wurden mir von jemandem geschenkt, der in der vorigen Woche meine Hilfe benötigte«, erzählt Louise. »Sie machen mich richtig
glücklich.«

Sie geht zur Küchenzeile und kocht uns Tee. Während sie die Teebeutel aus den Papierhüllen nimmt,
erzählt sie begeistert, dass sie eine schwarze Samt-
hülle für ihren iPad entdeckt hat – der iPad ist ihre
neueste technische Errungenschaft und bereitet ihr
sichtlich Freude. Mir wird klar, dass Louise selbst
im Alter von 85 Jahren immer noch offen für Lern-
erfahrungen ist. Ich bewundere ihre Neugierde und
ihren Wissensdurst.

Ich bereite meine Arbeitsgeräte vor und habe den
Eindruck, mit meinen 51 Jahren von dieser 85-Jäh-
rigen noch viel darüber lernen zu können, wie man
sich wohl in seiner Haut fühlt. Ich frage, wie sie es
anstellt, in ihrem Alter noch so gut auszusehen und
sich so gut zu fühlen – was ist ihr Geheimnis?

»Nun, für mich ist das Wesentliche, sich selbst zu
lieben, den eigenen Körper zu lieben und Frieden
mit dem Alterungsprozess zu schließen«, antwortet
sie. »Man kann nichts wirklich gut machen oder
langfristig erfolgreich sein, wenn man sich selbst
nicht liebt. Wenn Sie sich selbst lieben, dann sorgen
Sie gut für Ihren Körper und achten sorgfältig da-

rauf, was Sie ihm einverleiben. Sie wählen auch Ihre Gedanken mit Bedacht.«

Wenn wir also gewissenhaft die Prinzipien anwenden, über die wir in diesem Buch sprechen, wird das Alter für uns zu einer wesentlich angenehmeren Erfahrung werden?

»Ja. Das Leben ist für mich viel einfacher geworden, weil ich gelernt habe, wie ich meine Erlebnisse gut vorbereiten kann. Meine positiven Affirmationen bereiten mir den Weg, sodass alles viel reibungsloser verläuft. Ich überlege bewusst, was ich gerne in der Zukunft erleben möchte. Heute hatte ich zum Beispiel drei Einkäufe zu erledigen, also habe ich vorher affirmiert: *Dies ist ein herrlicher Tag, und jede meiner Erfahrungen heute ist ein wunderbares, freudiges Abenteuer.*

In jedem der drei Geschäfte, die ich aufsuchen musste, traf ich auf liebenswürdiges, hilfsbereites Personal, das sich sehr freundlich mit mir unterhielt. Eine Verkäuferin und ich mussten sogar gemeinsam herzhaft über eine lustige Bemerkung lachen. Jede dieser drei Einkaufserfahrungen war tatsächlich ein schönes, freudiges Abenteuer. Zur Weisheit des Alters gehört es, selbst in den einfachsten Alltagssituationen Freude zu finden. Das volle Potenzial unseres Lebens entdecken wir nur, wenn wir die kleinen Dinge des Lebens zu etwas Wundervollem, Gutem und Wichtigem machen.«

Wenn wir älter werden, Familienmitglieder oder Freunde verlieren, wird uns bewusster, wie wertvoll unsere Verbundenheit mit unseren Mitmenschen ist, selbst bei kleinen, alltäglichen Begegnungen, wie Louise sie hier schildert.

»Alter und Verluste können uns verbittern. Wir können uns dafür entscheiden, angesichts des Todes nahestehender Menschen Verbitterung zu empfinden, oder wir können uns dafür entscheiden, uns für neue Freundschaften zu öffnen und die Leere mit neuen Erfahrungen zu füllen.«

Je näher ich Louise kennenlerne, desto mehr wird mir bewusst, wie wichtig und segensreich es ist, sich schon früh im Leben gute Denkgewohnheiten anzueignen. Spricht sie über ihre Lebenseinstellung, wird offensichtlich, dass sie viel Zeit und Energie in die richtige Entwicklung und Steuerung ihres Bewusstseins investiert hat. Diese Investition hat bei ihr zu einer sehr positiven Sicht des Alterns geführt. Jahr für Jahr zahlt es sich für sie aus, dass sie zielbewusst und mit positivem Fokus lebt. Mitzuerleben, wie sie auf das Leben reagiert, spornt mich dazu an, ebenfalls diese positiven Gewohnheiten zu verinnerlichen.

»Verstehen Sie mich nicht falsch«, gibt Louise zu. »Ich muss mich den gleichen Herausforderungen stellen wie jeder Mensch, der alt wird – Falten, Gewichtszunahme, Steifigkeit und die Erkenntnis, dass

junge Männer mich nicht länger sehnsüchtig anschauen. Aber es bringt nichts, über Dinge zu kla-
gen, die nicht zu ändern sind. Wir alle altern. Ich
habe aber die Entscheidung getroffen, gut für mich
selbst zu sorgen und mich zu lieben, was auch geschieht. Ich esse gut. Ich verzehre Lebensmittel, die
gut für meinen Körper sind, Essen, das mich stärkt.
Ich esse möglichst nichts, was meinen Körper belas-
tet oder mir keine Energie liefert. Einmal im Monat
gönne ich mir außerdem eine Akupunkturbehand-
lung oder eine Craniosacral-Sitzung, um etwas für
mein gesundheitliches Gleichgewicht zu tun. Und
ich tue mein Bestes, um Gedanken zu wählen, bei
denen ich mich möglichst gut fühle. Das ist die große
Lektion, die ich immer wieder betone: *Unser Denken
bewirkt entweder, dass wir uns gut fühlen oder dass wir
uns schlecht fühlen.* Es sind gar nicht so sehr die Er-
eignisse an sich, sondern unsere Gedanken.«

Es sind also nicht die Falten, sondern das, was wir
über die Falten denken?

»Genau. Die Falten sind einfach nur da. Und alle
Menschen bekommen Falten. Da wird keiner ausge-
spart. Es ist dumm, sich wegen etwas so Unvermeid-
lichem unglücklich zu machen. Viel besser ist es,
jede Phase unseres Lebens so weit wie möglich zu
genießen.«

Wo wir gerade bei den Falten sind, sage ich, sprechen wir doch einmal über den Körper. Sie sagen,

Ihr Erfolgsgeheimnis dafür, mit 85 noch so vital zu sein, besteht darin, dass Sie sich selbst und Ihren Körper lieben. Aber was ist, wenn Sie eine Frau sind, die 20 Kilo Übergewicht hat und hasst, was sie im Spiegel sieht? Wie können Sie sich selbst anschauen und sagen: »Ich liebe dich«, wenn Ihnen nicht gefällt, was Sie sehen?

»Nun, genau darum geht es«, erwidert Louise. »Wie ich schon sagte, glaube ich nicht mehr daran, dass man sich ein einzelnes Thema herausgreifen und speziell daran arbeiten sollte. Anfangs arbeitete ich mit Einzelproblemen, zum Beispiel mit Übergewicht. Dann entdeckte ich eines Tages, dass es genügte, meine Klienten dazu zu bringen, sich selbst zu lieben. Dann mussten wir gar nicht mehr an Problemen arbeiten. Selbstliebe ist bei allen Problemen das Kernthema. Und diese Erkenntnis fällt vielen Menschen schwer – es erscheint ihnen zu einfach.

Diese Frau, die Sie erwähnen, glaubt vielleicht, ihr Körpergewicht wäre das Problem. Aber das ist es nicht. Es ist ihr Selbsthass. Wenn wir dorthin vordringen und sie dazu motivieren, regelmäßig mit Affirmationen zu arbeiten, die ihr helfen, eine gute Beziehung zum eigenen Körper aufzubauen, wird sie beginnen, sich selbst zu lieben.«

Nach einer kurzen Pause fährt Louise fort. »Ja, es stimmt, dass man manchmal seine Ernährung umstellen muss, um gesünder zu werden. Inzwischen

wissen die meisten von uns, dass Zucker süchtig
macht und einfach nicht gut für den Körper ist. Wei-
zen und Milchprodukte bereiten ebenfalls vielen
Menschen Probleme. Wir sollten Lebensmittel essen, die Körper *und* Geist nähren und stärken. Affirmationen sind eine wunderbare Sache, aber solange
Sie Ihren Körper mit Koffein, Zucker, Junkfood und
dergleichen belasten, wird es Ihnen schwerfallen,
sich zu konzentrieren – nicht nur auf positive Affirmationen, sondern überhaupt. Und wenn Sie mit
Junkfood aufgewachsen sind, werden Sie möglicherweise eine Ernährungsberatung benötigen, um zu
erfahren, was gesunde Ernährung ist. Ich wusste
nichts darüber, bis meine Krebsdiagnose mich veranlasste, die wahren Bedürfnisse meines Körpers zu
ergründen. Auch heute noch halte ich mich ständig
über die neuesten Erkenntnisse zum Thema Gesundheit und Heilung auf dem Laufenden.«

Ich bin mir völlig bewusst, wie wichtig ein fürsorglicher Umgang mit dem eigenen Körper für ein gesundes Altwerden ist. Wie so viele von uns habe ich
zu diesem Thema etliche Bücher, Webseiten und
Studien gelesen, um so viel wie möglich über Ernährung, Sport oder Nahrungsergänzungsmittel herauszufinden. Auf dem Gebiet gibt es ja eine wahre In-
formationsflut, sodass man leicht den Überblick
verliert. Unsere Gesellschaft gibt auf der Suche nach
der Zauberformel für eine optimale Fitness Milliar-

den Dollar für Bücher und Produkte gegen Alters-
beschwerden, für Gesundheitsklubs und Diätse-
minare aus … doch gleichzeitig sind immer mehr
Menschen übergewichtig, und insgesamt verschlech-
tert sich der Gesundheitszustand der Bevölkerung.

Während der vergangenen Monate hatte ich mich
auf genau das konzentriert, von dem Louise sprach:
zuerst mich selbst und meinen Körper zu lieben und
mich dann von dieser Liebe leiten zu lassen, was
meine emotionale und körperliche Gesundheit an-
ging. Und ich lerne gerade, dass dies tatsächlich
funktioniert. Seit ich eine starke Verbindung zu meinem Körper aufgebaut habe, fühle ich mich ganz
natürlich zu den richtigen Nahrungsmitteln, sport-
lichen Aktivitäten und therapeutischen Angeboten
hingezogen. Ja, ich weiß jetzt, dass alles mit der
Liebe beginnt.

»Den eigenen Körper gut zu ernähren ist ein sehr
wichtiger Akt der Selbstliebe«, fährt Louise fort,
»besonders wenn wir älter werden. Eine gesunde
Ernährung hilft uns bei den natürlichen Veränderungen, die mit dem Altern einhergehen. Wenn Sie
zum Beispiel in die Wechseljahre kommen und sich
nicht richtig ernähren, werden Ihre körperlichen
Beschwerden viel stärker sein. Es macht einen großen Unterschied, gute Eiweißquellen und viel Ge-
müse zu essen (möglichst aus biologischer Landwirt-
schaft), kombiniert mit Affirmationen wie dieser:

Dies ist eine angenehme und leichte Lebensphase für mich. Ich bin angenehm überrascht, wie mühelos sich mein Körper an die Wechseljahre anpasst. Oder: *Ich schlafe nachts gut.*«

Und welche Affirmationen empfehlen Sie jenen Frauen und Männern, denen nicht gefällt, was sie im Spiegel sehen? Wie können sie trotzdem Liebe zum eigenen Körper entwickeln?

»Nun, sie können damit beginnen, sich selbst Botschaften wie die folgenden zu übermitteln:

Mein Körper ist ein wunderbarer Freund;
wir erleben zusammen eine wunderbare Zeit.

Ich achte auf die Botschaften meines Körpers und
handele dementsprechend.

Ich nehme mir die Zeit zu lernen, wie mein Körper
funktioniert und welche Nahrung er benötigt,
um optimal gesund zu sein.

Je mehr ich meinen Körper liebe, desto gesünder
fühle ich mich.

Diese Affirmationen sind ein guter Einstieg. Und wenn Sie eine wirklich gute Beziehung zu Ihrem Körper aufbauen möchten, sollten Sie sich angewöhnen, täglich in den Spiegel zu schauen und dabei mit Ihrem Körper zu sprechen wie mit einem guten Freund. Sagen Sie zu ihm Dinge wie:

Hallo, Körper, danke dafür, dass du so gesund bist.

Du siehst heute wieder toll aus.

Es ist mir eine Freude, dich durch meine Liebe aufblühen zu lassen.

Du hast wunderschöne Augen.

Ich liebe deine schöne Figur.

Ich liebe jeden Zentimeter an dir.

Ich liebe dich von ganzem Herzen.«

Wenn wir auf so liebevolle Weise mit unserem Körper sprechen, hilft uns das, unseren uns selbst gnadenlos beurteilenden inneren Kritiker zum Schweigen zu bringen. Das weiß ich aus eigener Erfahrung.

Im Lauf der Jahre habe ich in Louises Büchern immer wieder gelesen, wie wir mit Affirmationen liebevoll auf unseren Körper einwirken können, als ich sie jedoch zum ersten Mal darüber *sprechen* hörte, berührte mich die Warmherzigkeit ihrer Stimme zutiefst. Sie wiederholte die Worte nicht einfach nur, sondern machte durch Klang und Betonung deutlich, dass wir zu uns selbst wie ein gütiger, liebevoller Freund sprechen sollen.

Als ich diese Praxis selbst anwandte, veränderte sich mein Verhältnis zu meinem Körper dramatisch. Ich fühlte, wie der Geist der Worte mein Herz erfüllte. Während ich täglich in den Spiegel schaute und dabei sanft mit mir selbst sprach, wurden die rauen Kanten der Selbstkritik allmählich abgeschliffen. Ich erlebte tatsächlich, dass mein Körper nach und nach von einem Gegner, mit dem ich ständig in Konflikt lag, zu einem guten Freund wurde. Der Trick bestand dabei darin, die Affirmationen wirklich konsequent täglich anzuwenden.

»Oh ja«, bestätigt Louise. »Auf das regelmäßige Üben kommt es an. Wählen Sie Affirmationen, mit denen Sie sich wohlfühlen. Machen Sie sich klar, dass Ihre Affirmationen neue Zustände und Situationen für Sie erschaffen werden. Diese neuen Denkgewohnheiten werden Ihr Leben verändern. Wenn wir es uns angewöhnen können, uns selbst ständig zu kritisieren und niederzumachen, können wir uns genauso angewöhnen, uns selbst wieder aufzubauen und zu stärken!«

Es läuft also immer wieder auf das hinaus, was wir in diesem Buch stets betonen: Die wirkungsvollsten Schritte sind die kleinen, einfachen, die bei unserem alltäglichen Denken anfangen. Und wir müssen die neuen Denkgewohnheiten beharrlich einüben.

»Ja. Und wenn Sie das tun, müssen Sie nach den kleinen Dingen Ausschau halten, die Ihnen beweisen, dass es funktioniert, dass Ihr Bewusstsein sich tatsächlich verändert. Konzentrieren Sie sich dann auf diese kleinen Erfolge und bauen Sie darauf auf.

Das wird Ihnen die nötige Inspiration schenken, um durchzuhalten und weiterzumachen.

Auch Sie haben das so gemacht, Cheryl. Sie haben etwas getan, was Sie anfangs völlig albern fanden – Spiegelarbeit zum Beispiel. Sie übten es beharrlich, und dann stellten sich Resultate ein. In Ihrem neuesten Buch haben Sie darüber geschrieben. Seit wir zusammenarbeiten, habe ich das bei Ihnen immer wieder beobachtet. Pilates ist ein gutes Beispiel.«

Louise hat recht. Während einer unserer früheren Begegnungen hatte sie mich eingeladen, an einer ihren privaten Pilates-Stunden teilzunehmen. Da ich schon lange neugierig auf diese Art des Körpertrainings war, nahm ich die Einladung gern an. Seit über acht Jahren hatte ich regelmäßig Gewichte gestemmt, was mir allmählich langweilig wurde, sodass ich es gerne durch ein anderes Training ergänzen wollte. Die Übungsstunde mit Louise machte mir solche Freude, dass ich mir nach meiner Rückkehr sofort eine Trainerin suchte und ebenfalls wöchentliche Stunden nahm.

Nach kurzer Zeit spürte ich deutliche Fortschritte: Ich entdeckte Muskeln, von denen ich gar nicht gewusst hatte, dass sie existierten, und da war eine neue Kraft, die bewirkte, dass ich gerader und aufrechter stand und mich lebendiger fühlte.

Diese äußeren Anzeichen bewiesen mir, dass das, was ich da tat, wirklich etwas bewirkte. Aber es war

der deutlich spürbare *innere* Erfolg, der mich dabei-
bleiben ließ.

In jeder Trainingsstunde wiederholte ich im Stillen
positive Affirmationen, während die Trainerin mich
vor dem Spiegel meine Körperhaltung kontrollieren
ließ: *Ich liebe dich, mein Körper, weil du mich aufrechterhältst. Du bist so ein wunderschöner Körper. Danke,
dass du heute so beweglich und kooperativ bist. Ich liebe
es, deine Kraft und Anmut zu sehen.* So kräftigte und
harmonisierte ich nicht nur meine äußere Muskula-
tur, ich baute auch wichtige innere Muskeln auf.
Meine tägliche Spiegelarbeit und die Konzentration
auf Selbstliebe hatten mich zu etwas hingeführt, was
sich für meinen Körper wunderbar richtig anfühlte.

»Ist es nicht interessant, wie Pilates in Ihr Leben
gekommen ist?«, fragt Louise. »Es geschah leicht
und mühelos. Sie haben Ihre Aufmerksamkeit darauf fokussiert, Ihren Körper auf neue Weise zu lieben, und da lief Ihnen das Pilates-Training wie von
selbst über den Weg, und Sie beschlossen, es einmal
auszuprobieren.«

Lächelnd sage ich zu ihr: Da war ich dann wohl
in jenem Bewusstseinszustand, über den Sie immer
wieder sprechen. In diesem geistigen Zustand ziehen wir genau zum richtigen Zeitpunkt das in unser
Leben, was wir gerade am meisten benötigen. Heute
übe ich dreimal in der Woche Pilates und genieße
jede Minute davon!

»Wichtig dabei ist, dass Sie offen dafür waren, etwas ganz Neues auszuprobieren«, sagt Louise. »Ich wollte, dass Sie die Erfahrung machen, auch auf die Gefahr hin, dass es Ihnen überhaupt nicht gefallen hätte – und wenn Sie hinterher gesagt hätten, dass es nicht das Richtige für Sie ist, wäre das vollkommen in Ordnung gewesen. Wir sollten bereit sein, Neues zu versuchen, um herauszufinden, was für unseren Körper gut funktioniert. Man beginnt mit dem ersten Schritt, und wenn sich der gut anfühlt, macht man weiter. So kann man Schritt für Schritt Riesenfortschritte machen.« Sie klopft mit dem Finger auf die Tischplatte. »Wenn Sie sich mehr auf die kleinen Einzelschritte als auf das Endresultat konzentrieren und sehen, dass diese einzelnen Schritte gelingen und angenehm sind, fühlen Sie sich gut. Dann werden Sie auch weiterhin genau das in Ihr Leben ziehen, was Sie jeweils benötigen, um Sie in die gewünschte Richtung voranzubringen.

Schauen Sie sich an, Cheryl.

Ich schlage Ihnen Pilates vor, Sie probieren es aus und stellen fest, dass es Ihnen Freude macht. Jetzt praktizieren Sie es dreimal pro Woche. Oder Sie senden Michael Liebe, wenn Sie beim Autofahren in Streit geraten, und fühlen auch selbst diese Liebe. Wir probieren etwas aus, sehen die Resultate, erkennen, dass sich unsere Sicht der Dinge positiv verändert hat, und das ermutigt uns, in diese Richtung weiterzugehen. Es spielt nicht wirklich eine Rolle, von wo aus Sie beginnen, Hauptsache ist, dass Sie überhaupt bereit sind, sich auf Neues einzulassen. Viele Leute werden sagen: ›Das ist doch völliger Quatsch.‹ Und wenn sie etwas für Quatsch halten, werden sie es natürlich nicht ausprobieren.«

Ich weiß nur zu gut, wie sinnvoll Louises Rat ist, Schritt für Schritt auszuprobieren, was für uns gut funktioniert, und so allmählich neue, auf Selbstliebe basierende Gewohnheiten zu entwickeln. Ich war früher viel zu sehr auf die Endresultate fokussiert, was dazu führte, dass ich ständig frustriert und unzufrieden war und mich nicht wirklich darauf einlassen konnte, die Reise zu genießen. Vor Jahren machte ich in einem Gespräch mit einer Freundin – einer anderen weisen Frau von über 80 Jahren – meinem Ärger darüber Luft, wie langwierig und mühselig es war, mir eine Existenz als Vortragsrednerin aufzubauen. Ich war noch kein Jahr im Geschäft und enttäuscht darüber, dass es mir noch nicht gelungen war, für einen bezahlten Vortrag engagiert zu werden.

»Ihr jungen Leute heutzutage«, sagte sie kopfschüttelnd, »wollt über Nacht erfolgreich sein. Wo ist nur die Freude geblieben, zunächst einmal sein

Handwerk zu erlernen und zu meistern? Als ich jung war, brauchten die Leute Jahre, um den Erfolg zu erreichen, den du dir von einem Tag zum anderen wünschst, und dieser lange Weg dorthin schenkte ihnen Freude und erfüllte sie mit Befriedigung. Nimm dir Zeit, meine Freundin. Dein Weg wird viel interessanter werden, wenn du dir mehr Zeit lässt.«

Ich tat mein Bestes, mich zu entspannen und diesen Rat anzunehmen. Doch einige Jahre später lief ich wieder wie eine Tigerin in meiner Küche auf und ab und beklagte mich bei meinem Mann darüber, wie lange es dauerte, eine gut gehende Coaching-Praxis aufzubauen – dabei hatte ich diese neue Tätigkeit erst vor eineinhalb Jahren begonnen.

Daher fiel Louises Rat bei mir auf fruchtbaren Boden, denn ich wusste aus Erfahrung, wie wichtig Geduld ist. Unsere Kultur trainiert uns regelrecht darauf, schnelle Resultate zu erwarten – in einer Woche fünf Kilo abnehmen oder mit dem richtigen Nahrungsergänzungsmittel über Nacht einen flachen Bauch bekommen. Wir wollen den *großen* Erfolg, die *große* Veränderung, und zwar sofort!

»Ja«, stimmt Louise mir zu. »Groß und schnell … und mit viel Leiden. Dabei ist es doch viel schöner, wenn das, was wir tun, uns Freude macht. Sie machen jetzt seit einiger Zeit Pilates – natürlich ist das disziplinierte Üben wichtig, aber genauso wichtig ist die Freude, die Sie dabei empfinden. Und Ihr Körper spricht darauf an und verändert sich auf sehr positive Weise. Das ist wunderbar. Wir sollten damit aufhören, uns auf das zu lösende Problem zu konzentrieren. Viel besser ist es, sich auf kleine positive Veränderungen zu konzentrieren, die bewirken, dass wir uns besser fühlen. So machen wir allmählich Fortschritte auf dem Weg unserer Selbstentdeckung und Selbstentfaltung. Kleine positive Veränderungen führen uns zu mehr Selbstliebe, Körperakzeptanz und einer positiven Sicht des Älterwerdens.«

Zum Thema Älterwerden möchte ich gerne mehr wissen. Ich frage Louise nach ihren größten Sorgen bezüglich des Alterns.

»Nun, manche Leute sorgen sich, weil sie ihr jugendliches Aussehen verlieren. Doch ich machte mir vor vielen Jahren Sorgen, dass ich meine geistigen Fähigkeiten verlieren könnte. Vermutlich wurde mir in der Kindheit eine negative Botschaft vermittelt, durch die sich diese Angst in mir festsetzte. Das habe ich schon lange überwunden, und heute weiß ich, wie ich meinen Geist durch gute Gedanken und gute Ernährung gesund erhalten kann. Wenn Sie sich schlecht ernähren, sind gesundheitliche Probleme im Alter vorprogrammiert. Heute gilt meine Hauptsorge dem Erhalt meiner Gesundheit. Darum sorge ich gut für mich.«

Wir alle sehen uns unterschiedlichen Herausforderungen gegenüber, wenn wir altern. Als ich auf die 50 zuging, erging es auch mir so, dass ich in den Spiegel schaute und mich beim Anblick neuer Falten und schlaffer Haut traurig oder unzufrieden fühlte. Etwas anderes bereitete mir aber viel mehr Sorge – die Vorstellung, ich könnte meine Energie einbüßen. Ich hatte immer eine Menge Energie und war stolz darauf, Ziele zu erreichen und zu Hause und im Beruf tatkräftig Aufgaben zu erledigen. Als ich merkte, dass meine Energie etwas nachließ, führte ich das auf das Älterwerden zurück und fing an, mir Sorgen zu machen.

War das der Anfang vom Ende meiner produktiven Jahre? Musste ich mich von nun an noch disziplinierter ernähren und noch mehr Sport treiben, um mein Energielevel zu halten? Oder musste ich mich mit der Realität abfinden, dass wir alle langsamer und weniger leistungsfähig werden, wenn wir altern?

Im letzten Jahr bin ich nun dahin gelangt, Energie auf eine ganz neue Weise zu verstehen. Ja, eine gute Selbstfürsorge ist wichtig, aber ich sehe nun die Geschenke, die das Älterwerden bereithält: Ich verfüge heute über die geistige Präsenz, mir mehr Zeit zu lassen und meine Energie gezielter zu nutzen. Alter und Erfahrung ermöglichen es mir, meine kostbare Energie den Dingen zu widmen, die am wichtigsten sind – eine gute Selbstfürsorge, gute Freundschaften, genug Zeit für mich allein, um spirituell aufzutanken, und Formen des kreativen Selbstausdrucks, die meine Seele nähren.

Es geht nichts über eine tickende Uhr, um uns daran zu erinnern, uns weniger um die banalen Details des Lebens zu sorgen oder darum, was andere Leute denken. Das ist das wahre Geschenk des Alters. Das und die Tatsache, dass ich viel offener dafür geworden bin, mich vom Leben führen zu lassen – statt zu versuchen, das Leben mit meinem alten, erfolgshungrigen, hyperaktiven Selbst zu kontrollieren. Zwar sehe ich nicht mehr so jung aus wie vor zehn Jahren, aber ich habe eine neue Art von Schönheit erlangt – die Schönheit der Weisheit.

»Lustig ist, dass Sie heute weniger Falten haben«, sagt Louise mit einem leisen Kichern. »Es ist doch so, dass Menschen, die sich große Sorgen wegen des Altwerdens und ihres Aussehens machen, sehr angespannt sind. Wenn wir Frieden mit dem Alterungsprozess schließen, geht es uns darum, glücklich zu sein und uns wohl in unserer Haut zu fühlen.

20, 30, 40 oder 50 werden Sie nie wieder sein. Sie werden sein, wo Sie sind. Wenn Sie sich auf Fotos betrachten, die vor zehn Jahren aufgenommen wurden, denken Sie vielleicht: *Mein Gott, sah ich da gut aus.* Aber damals haben Sie bestimmt gedacht, niemals gut genug auszusehen. Wir sehen sowieso immer viel besser aus, als wir glauben, und wir sollten das wertschätzen, hier und jetzt.«

Ich spüre auch, dass ich sanfter und einfühlsamer mit mir selbst umgehe, sage ich. Und ich habe den Eindruck, dass ich heute für die Menschen in meiner Nähe viel umgänglicher bin.

»Das bemerke ich bei mir genauso«, sagt Louise. »Gestern musste ich zu einer Besprechung fahren. Als ich mich auf der Rückfahrt befand, blockierte ein Lastwagen die Straße, sodass ich einen Umweg machen musste. Ich musste mehrere Male abbiegen und wusste nicht mehr genau, wo ich war, wusste aber genau, wo ich hinwollte. Früher hätte ich mich geärgert, aber jetzt sagte ich mir einfach: ›Das ist okay. Alles in Ordnung. Du bist diese Straße noch nie gefahren, und es ist hier wirklich schön. Genieße also die Umgebung, und dann kommst du schon dorthin, wo du hinwillst.‹ Und plötzlich gelangte ich dann tatsächlich wieder auf die richtige Straße.«

Beobachten Sie denn fortwährend Ihre Gedanken und Handlungen und nehmen Veränderungen daran vor? Ist das der Grund dafür, dass Sie, wie mir scheint, dem Leben so viel Neugierde entgegenbringen?

»Ich bin in der Tat wissbegierig, und das hat mir sehr geholfen, im Herzen jung zu bleiben. Ich liebe es, mich weiterzubilden, neue Dinge zu lernen. Ich warte schon darauf, dass mir etwas Neues über den Weg läuft, sodass ich wieder ein Seminar belegen kann. Auch höre ich den Menschen gerne zu – was sie sagen, wie sie ihr Selbst zum Ausdruck bringen. Ich interessiere mich sehr für andere, aber ich achte auch aufmerksam darauf, wie ich mit mir selbst spreche. Je mehr wir uns selbst zuhören und positive Veränderungen in unserem inneren Dialog vornehmen, desto interessanter wird das Leben.«

Wenn ich Louise zuhöre, wird mir klar, dass ihr unstillbarer Wissensdurst unmittelbar dafür verantwortlich ist, dass sie in ihrem Alter noch so vital und voller Energie ist. Wenn wir gerne lernen – wenn wir uns unserem persönlichen Wachstum verschreiben und auch dementsprechend aktiv handeln –, bleiben wir bis ins hohe Alter auf sinnvolle, erfüllte Weise engagiert. Wir fühlen dann eine starke Verbundenheit zu uns selbst, zu anderen Menschen und jener größeren Energiequelle, die man Leben nennt. Wir leben im Einklang mit unserem tieferen Wesenskern, jenem Teil von uns, der zeitlos und endlos ist. Dadurch sind wir im Fluss, und alles fügt sich harmonisch ineinander.

Ich frage Louise, welche Glaubenssätze sich für sie im Hinblick auf das Älterwerden als besonders nützlich erwiesen haben. Sie schenkt mir ein strahlendes Lächeln.

»Ich glaube, dass ich ein großes, starkes, gesundes Mädchen mit ganz viel guter Energie bin. Ich bin sehr glücklich, so viel Energie zu haben, so leben zu können, wie ich es mir wünsche, und mich an der

Gesellschaft wunderbarer Freundinnen und Freunde erfreuen zu können. Ich glaube, dass das Leben mich liebt. Ich glaube, dass ich stets sicher und geborgen bin. Ich glaube, dass mich ausschließlich gute Erfahrungen erwarten. Ich segne meine Mitmenschen und glaube, dass das Leben mich segnet und gedeihen lässt. Ich weiß, dass alles gut ist in meiner Welt.

Außerdem glaube ich, dass es wichtiger ist zu lachen, als sich vor Falten zu fürchten. Ich lache heute viel mehr. Es gibt weniger Dinge, die mich aufregen oder ärgern. Ich fühle mich heute freier als in meiner Kindheit. Es ist, als ob meine guten Gedanken mich in einen Zustand der Unschuld zurückgeführt haben, der ein tiefes Glücksgefühl erzeugt. Ich kann heute viel mehr über mich selbst lachen und albere gerne herum. Ich habe eine Geisteshaltung kultiviert, die es mir ermöglicht, das Leben im bestmöglichen Licht zu sehen. Diese positive, liebevolle, dankbare Perspektive zieht so viel Gutes in mein Leben – es ist einfach großartig! Und darum ist dies bislang mein bei Weitem bestes Lebensjahrzehnt.«

Und wie sieht es mit Ihren spirituellen Glaubenssätzen aus? Welche Rolle spielen sie heute in Ihrem Leben?

»Das ist interessant. Ich bin völlig ohne Religion aufgewachsen, und die Entdeckung der Spiritualität gehörte zum Besten, was mir passiert ist. Mir wur-

den als Kind keine religiösen Dogmen eingetrich-
tert, die ich erst wieder hätte verlernen müssen. Als
ich in der Kirche der Religiösen Wissenschaft in die
metaphysische Welt eingeführt wurde, leuchtete mir
diese Lehre auf Anhieb ein – der Glaube, dass wir
alle Ausdrucksformen der Göttlichen Intelligenz
sind und dass wir erschaffen können, was wir uns
wünschen, wenn wir uns mit dieser Intelligenz in
Einklang bringen. Ich bin damals oft in diese Kirche
gegangen und habe deren Lehre regelrecht aufge-
sogen. Aber heute ist mein Garten meine Kirche.
Ich gehe nach draußen und arbeite dort, und dabei
finde ich Frieden. Wenn in der Nähe ein fantasti-
scher Pfarrer oder Lehrer einen Vortrag hält, gehe
ich manchmal hin und höre es mir an, aber ich habe
schon eine Menge gehört. Heute lebe ich es.«

Es wird Zeit, denn wir müssen zu einer Autoren-
party, die Hay House für das Team ausrichtet, das
auf der Konferenz sprechen wird. Doch Louise gibt
mir und unseren Lesern noch einen wichtigen Rat
zum Thema Gesundheit und Alter mit auf den Weg.
»Wir sollten es uns noch viel mehr angewöhnen,
einander zu berühren. Wir alle brauchen mehr Umarmungen. Ich weiß ja, dass viele Menschen sich
keine Körpertherapien leisten können, aber Umar-

mungen können wir uns immer leisten. In den Hay-ride-Gruppen haben wir uns immer viel umarmt, und das zauberte stets ein Lächeln in die Gesichter der Teilnehmer. Umarmungen halten uns jung und glücklich.«

Und dann steht sie auf, kommt zu mir und umarmt mich herzlich. Als ich die Kraft in ihren Armen und das Lächeln in ihrem Herzen spüre, denke ich: *Oh ja, das ist wirklich ein guter Weg, uns das Altwerden leichter zu machen!*

7.

Das Finale des Films

Als ich aus der Dusche steige, spüre ich, wie mir die Last der Melancholie plötzlich die Brust schwer macht. Da ist eine Traurigkeit, die ich nicht erklären kann. Ich setze mich auf den Wannenrand und lasse mich darauf ein – lasse dieses Gefühl in mir leben und atmen. Warte darauf, dass es mir seine Weisheit offenbart. Ich atme langsam und tief, und mit jedem Atemzug dringt die Antwort immer mehr in mein Bewusstsein. Der Frühling steht kurz vor der Tür, und mein Schreib-Winter neigt sich dem Ende zu. Es nähert sich der Moment, diesem Buch Lebewohl zu sagen.

Es ist so wie jedes Mal. Wenn ein Buchprojekt kurz vor der Fertigstellung steht, neige ich dazu, es so schnell wie möglich zu Ende führen zu wollen und gleichzeitig die Arbeit zu verlangsamen, um den Schreibprozess noch einmal wirklich zu genießen. Ich beginne also jetzt das letzte Kapitel, und so ein Ende fühlt sich immer bittersüß an. Aber da ist noch etwas …

Ich mache mir große Sorgen um einen guten Freund, der ernstlich erkrankt ist. Ich fürchte um ihn, um mich, um uns. Ich trockne mein Haar ab, lege etwas Mascara und Lipgloss auf. Ich muss mich anziehen. Louise und ich werden in Vancouver zu einer Veranstaltung erwartet. Vorher wollen wir uns in einer halben Stunde zum Frühstück treffen (und Louise ist immer überpünktlich). Diesmal habe ich eine Agenda, über die ich mit ihr sprechen möchte.

Wir ziehen uns an einem ruhigen Tisch im hinteren Teil des Hotelrestaurants zurück. Das Ritual ist mir inzwischen zur zweiten Natur geworden: Ich setze mich hin, nehme mein iPhone, drücke auf RECORD und packe meine Notizen aus. Während ich hier vor Louise sitze, fühle ich mich etwas fahrig, verletzlich. Ich gebe mir alle Mühe, die Tränen zurückzuhalten, aber Louise kann man nichts vormachen. Sie merkt mir offensichtlich an, dass etwas nicht in Ordnung ist, sagt aber nichts. Stattdessen schaut sie mir einfach in die Augen und wartet, dass ich zu sprechen beginne.

Ein guter Freund ist sehr krank, erzähle ich, und ich habe Angst, dass er sterben könnte. Ich versuche, positiv zu bleiben, aber ich kann einfach nicht anders und mache mir große Sorgen, ob er es überstehen wird. Und ich weiß nicht, wie ich mit ihm darüber sprechen soll. Ich weiß, dass Sie viel Erfahrung im Umgang mit Krankheit und Tod haben. Ich möchte gerne wissen, wie ich mich verhalten soll.

»Sie *lieben* ihn«, antwortet Louise sofort. »Und Sie sollten es zu einer guten Erfahrung machen. Wenn Menschen in Schwierigkeiten sind, konzentriere ich mich stets auf ein paar Dinge. Erstens konzentriere ich mich auf das, was sie als Menschen sind, nicht auf ihre Krankheit. Ich rufe ihnen ins Gedächtnis, wie wunderbar sie sind – wie humorvoll, tiefsinnig oder gütig. Und ich lenke das Gespräch auf schöne Dinge, die man gemeinsam erlebt hat. Am wichtigsten ist, dass ich es ihnen überlasse, das Gespräch zu lenken. Wir sollten stets respektieren, wo ein anderer Mensch gerade steht. Ich frage sie einfach, wie sie sich in der jeweiligen Situation fühlen, und ihre Antwort lenkt dann den weiteren Verlauf des Gesprächs.«

Während ich Louise zuhöre, laufen mir ein paar verhaltene Tränen über die Wangen, und sie holt ein Papiertaschentuch hervor. »Man weiß nie, wohin uns unsere Reisen führen, nicht wahr?«, bemerkt sie mit einem Lächeln. Sie gibt mir das Taschentuch. »Es ist hart, wenn so etwas geschieht.«

Ich weiß, dass wir positiv denken sollten, aber …

»Warten Sie«, unterbricht sie mich. »Der Tod ist nicht negativ. Der Tod ist ein positiver Schritt, der zum Leben mit dazugehört. Wir alle werden diesen Schritt tun. Sie sind so aufgewühlt, weil Sie nicht wollen, dass Ihr Freund jetzt schon geht.«

Oder auf eine so schmerzvolle Weise, gebe ich zu.

»Ja, es ist wichtig, dazu beizutragen, dass die Menschen, die wir lieben, schmerzfrei sind. Ich erinnere mich, als meine Mutter bereit war zu gehen. Sie war 91 Jahre und sehr krank. Die Ärzte wollten sie noch einer großen Operation unterziehen. Ich sagte: ›Auf keinen Fall! Es kommt nicht infrage, dass Sie dieser Frau in ihrem Alter noch so etwas zumuten. Sorgen Sie nur dafür, dass sie keine Schmerzen hat.‹ Das war die oberste Priorität – ihr Schmerzen zu ersparen und ihr einen sanften Übergang zu ermöglichen.

Und genau so geschah es dann auch. Während der folgenden Tage verlor sie immer wieder das Bewusstsein. Wenn sie zurückkehrte, sprach sie über Verwandte. Dann glitt sie wieder davon und kam mit einer weiteren Geschichte zurück. Sie hatte keine Schmerzen, was sehr wichtig für mich war.

Wir alle werden irgendwann dieses Leben verlassen, Cheryl, und ich glaube nicht, dass daran etwas ist, wovor wir uns fürchten müssen. Sehen Sie, ich wuchs ohne die Vorstellung von einer Hölle und ewiger Verdammnis auf. Mein Leben damals war zwar die Hölle, da ich jedoch nicht dazu erzogen wurde, an die ewige Verdammnis zu glauben, fürchte ich mich nicht vor dem Tod. Ich glaube nicht, dass ich in die Hölle komme. Die habe ich bereits hinter mir.«

Das sagt sie auf so nüchterne Weise, wie es nur jemand äußern kann, der seine sehr schmerzhafte Vergangenheit transzendiert hat. Ich nicke, lächle und wische mir die Tränen weg.

»Wir sollten uns all dieses Zeug gründlich ansehen, das man uns über den Tod beigebracht hat«, fährt Louise fort. »Wenn Ihre Eltern einer Kirche angehörten, wo den Gläubigen mit dem Höllenfeuer und der Verdammnis gedroht wurde, haben Sie möglicherweise große Angst vor dem Tod. Dann fragen Sie sich: *Bin ich gut genug gewesen? Und wenn nicht, muss ich dann für immer in der Hölle schmoren?* Und wenn Sie glauben, dass Sie für immer in die Hölle kommen, werden Sie sich natürlich schrecklich vor dem Tod fürchten.

Es ist also kein Wunder, dass so viele Menschen Angst vor dem Tod haben. Viele Religionen verkünden in der einen oder anderen Form diese negative Botschaft – dass Sie ein Sünder sind und die Gebote einhalten müssen, denn sonst werden Sie dafür bezahlen, wenn Sie sterben. Vielleicht müssen Sie nicht im Höllenfeuer brennen, aber Sie *werden* dafür bezahlen. So wird der Tod zu einer furchterregenden Angelegenheit.«

Ich denke über das Konzept von Hölle und ewiger Verdammnis nach und erinnere mich an meine

Kindheit. Mit der Idee, dass es Himmel und Hölle gibt, war ich sehr vertraut, und auch damit, dass es etwas dazwischen gab – das Fegefeuer oder die Vorhölle. Ich wuchs in dem Glauben auf, dass nur gute, gehorsame Katholiken in den Himmel kommen. War man das nicht, erwartete einen die Hölle. Fegefeuer und Vorhölle waren die Zwischenstadien für jene, die für ihre Sünden büßen mussten, oder für Kinder, die ohne das Sakrament der Taufe gestorben waren.

Als kleines Mädchen kniete ich vor meinem Bett und wiederholte vor dem Einschlafen viele Male die Worte *Jesus, Maria und Josef,* um den Seelen im Fegefeuer dabei zu helfen, in den Himmel zu gelangen. Ich hasste die Vorstellung, dass Menschen an einem Ort festsaßen, an dem sie sich fürchteten und allein waren. Als Erwachsene entdeckte ich dann andere religiöse und spirituelle Traditionen, und ich ersetzte die Idee der Hölle durch einen persönlichen Glauben daran, dass der Tod nur ein Übergang ist, nach dem wir uns alle mit unserem Schöpfer wiedervereinigen, in einem Zustand der Liebe, des Mitgefühls und der Vergebung.

Haben Sie jetzt, an diesem Punkt Ihres Lebens, Angst vor dem Tod?, frage ich Louise.

»Nein. Ich möchte jetzt noch nicht gehen, weil es Dinge gibt, die ich tun möchte, aber das werde ich während meines gesamten Lebens sagen. Das geht uns allen so. Es gibt immer noch etwas zu tun – an der Hochzeit eines Kindes teilnehmen, eine Geburt miterleben, ein Buch, das wir noch schreiben wollen. Auch habe ich dieses starke Gefühl, dass wir in der Mitte des Films ankommen und auch in der Mitte des Films wieder gehen. Der Film geht endlos weiter. Wir kommen herein und wir gehen. Das gilt für uns alle. Es gibt keinen falschen und keinen richtigen Zeitpunkt, es gibt nur *unsere* Zeit – es war Zeit für uns, geboren zu werden, und es wird die Zeit für uns geben, zu gehen.«

Ich denke über die Idee nach, mitten im Film zu gehen, und stimme mit Louise überein, dass dies der schwierige Aspekt des Todes ist – dass es nie den »perfekten Augenblick« gibt, wo alles zum Abschluss gebracht ist.

Louise sagt dazu: »Ich glaube, dass die Seele schon lange vor der Geburt die Entscheidung trifft, bestimmte Erfahrungen machen und bestimme Lektionen lernen zu wollen – Lektionen, bei denen es darum geht, andere und uns selbst zu lieben. Wenn wir die Lektion der Liebe gelernt haben, können wir mit Freude gehen. Dann besteht keine Notwendigkeit für Schmerz und Leiden. Wir wissen, dass wir, wenn wir uns das nächste Mal inkarnieren, all diese Liebe mitbringen werden.«

Die Frage lautet also, wie wir unseren Frieden damit machen können, dass wir den Film mitten in der

Vorstellung verlassen müssen. So, wie ich es sehe, besteht das Problem darin, dass wir uns mit dem Tod so unwohl fühlen. Wir sprechen nicht darüber. Wir bereiten uns nicht darauf vor. Wir gestatten es uns noch nicht einmal, uns bewusst mit unseren diesbezüglichen Ängsten und Sorgen auseinanderzusetzen. Wir leben in einer Kultur, die das Thema vollständig meidet. Stattdessen warten wir, bis wir mit einer ernsten Krankheit konfrontiert sind und unter großem Druck wichtige Entscheidungen treffen müssen – für geliebte Menschen oder für uns selbst. Und dann wundern wir uns, warum es so erschreckend und schmerzhaft ist.

Um unseren Frieden mit dem Tod zu machen, müssen wir zunächst bereit sein, uns dem Thema wirklich zu stellen. Wir müssen den angstvollen und beklemmenden Gefühlen ins Auge sehen, die mit dem Tod verbunden sind. Wenn wir das tun, entdecken wir, was die Angst uns lehren kann.

Ich ignorierte definitiv alles, was mit dem Tod zu tun hatte, bis ich mit Anfang 30 das Privileg hatte, das bewusste Sterben eines Menschen mitzuerleben, der mir viel bedeutete. Ihr Name war Lucy, und sie war jenseits der 80. Lucys Haus war angefüllt mit den Schätzen ihres Lebens. Sie war klug und hatte ein großes Herz … aber keine Familie. Als sie wegen eines schlimmen Hustens zur Untersuchung ins Krankenhaus musste, teilte man ihr mit, dass sie dabei war, an Krebs zu sterben. Daraufhin bat sie mich, ihr bei der Regelung ihrer Angelegenheiten zu helfen. Meine erste Reaktion war: *Kommt nicht infrage! Ich habe keinerlei Interesse, mich auf dieses Minenfeld zu begeben.* Doch nachdem wir eine Weile darüber diskutiert hatten, überwogen mein Mitleid (und meine Schuldgefühle). Widerstrebend willigte ich ein.

Was sich während der folgenden drei Monate entfaltete, war wie ein Wunder. Ich ging mit Lucy ihre Besitztümer Stück für Stück durch, und wir überlegten gemeinsam, wem sie sie jeweils vermachen wollte. So wurde ich vertraut mit ihrem Leben, ihren Liebesaffären und ihren Wünschen, wie sie dieses Leben beschließen wollte. Ich versprach ihr, alle ihre Wünsche gewissenhaft zu erfüllen, während des Sterbeprozesses und wenn sie gegangen war.

An dem Abend, als Lucy starb, hatte ich einen Vortrag gehalten und mich anschließend ins Bett gelegt. Dann rief jemand an und bat mich, die einstündige Fahrt zu ihr zu machen. Meine Intuition sagte mir, dass es besser war, nicht zu ihr nach Hause, sondern gleich ins Krankenhaus zu fahren. Dort fand ich meine Freundin bewusstlos vor, in einem Einzelzimmer. Bei ihr war eine liebevolle, mitfühlende Krankenschwester, die mir versicherte, dass Lucy jedes Wort hörte, das ich sagte.

Ich saß fast eine Stunde an Lucys Bett und ging noch einmal die Anweisungen durch, die sie mir bezüglich ihres Lebensendes gegeben hatte. Ich las sie ihr laut vor. Ich versicherte ihr, dass alles in Ordnung sei und dass sie ohne Sorge die Reise an einen friedlicheren Ort antreten könne. Hatte ich Angst? Darauf können Sie wetten. Aber ich war auch vorbereitet.

Und während ich ihr schönes Gesicht betrachtete, wachte sie plötzlich auf, schaute mir in die Augen, schenkte mir ein strahlendes Lächeln und tat ihren letzten Atemzug. In diesem Moment änderte sich etwas Wesentliches. Der Tod und ich waren Freunde geworden.

Nachdem Lucy gestorben war, saß ich in dieser Nacht noch eine ganze Weile an ihrer Seite, betrachtete ihr Gesicht, ihre Hände und ihren leblosen Körper. Dabei kontemplierte ich das, was wir den Tod nennen. Aber ich spürte überhaupt keine Angst. Stattdessen fühlte ich mich geborgen, auf sanfte und tiefe Weise berührt und überrascht, wie natürlich der eigentliche Prozess des Sterbens gewesen war. Ja, ich würde meine Freundin vermissen, aber aus dieser neuen Perspektive war der Tod nicht das lautlose Monster, das ich aus ihm gemacht hatte – der schwarze Mann, den man so lange wie möglich aussperren musste, um ihn erst im allerletzten Augenblick hereinzulassen. Hier hatte ich ihn als einen sanften Zustand des Loslassens und Hinübergleitens erlebt, die Erfüllung eines Versprechens.

»Sehen Sie, Sie haben schon einmal den Tod eines nahen Menschen miterlebt und es überstanden«, sagt Louise jetzt zu mir. »Wenn wir uns dem Tod mit Liebe und angemessener Vorbereitung nähern, ist er eher schön als schrecklich. Er kann jedoch ein Albtraum sein, wenn wir nicht vorbereitet sind.

Vor einem Jahr, als einer meiner guten Freunde sehr krank wurde, habe ich viel über meinen eigenen Tod nachgedacht. Er war Pfarrer und hatte es immer sehr gut verstanden, Menschen an ihrem Lebensende beizustehen. Er wusste immer, was zu sagen und was zu tun war. Er war wirklich wunderbar darin, mit dem Sterben anderer Menschen umzugehen. Aber als *seine* Zeit kam, lagen die Dinge völlig anders. Er machte daraus ein fürchterliches Theater. Ständig jammerte er und beklagte sich. Man konnte ihm nichts recht machen. Half man ihm, sich hinzusetzen, wollte er gleich wieder aufstehen. Und wenn man ihm aufhalf, wollte er sich sofort wieder hinsetzen. Nach kurzer Zeit ging er allen auf die Nerven. Ich schaute mir das an und fragte mich, warum er für sich selbst nicht das tun konnte, was er für andere getan hatte.«

Nach kurzem Schweigen fährt sie fort. »Meinen Freund einen so schwierigen Tod sterben zu sehen, zeigte mir, wie man es nicht machen sollte. Es gab so viele Menschen, die ihn liebten, und doch endete es damit, dass viele von uns ihn am liebsten geohrfeigt hätten. Er machte es uns fast unmöglich, ihn zu lieben. Ich glaube, er hatte Angst und war nicht gut vorbereitet. Es gab vieles, mit dem er sich einfach nicht auseinandergesetzt hatte.«

Dass Sie miterlebten, wie unschön sein Übergang verlief, veranlasste Sie also, darüber nachzudenken, was für einen Übergang Sie sich wünschen. Zu welchem Ergebnis gelangten Sie dabei?

»Ich würde es den Menschen ermöglichen, mir so viel Liebe zu schenken, wie sie es gerne möchten. Ich würde es zulassen, dass sie sich um mich kümmern. Ich würde den Menschen in meiner Umgebung ermöglichen, daraus eine positive Erfahrung zu machen. Obwohl ich ja vermutlich *sie* trösten würde. Das empfinde ich als die ideale Situation: zuzulassen, dass andere mir Liebe schenken, während ich gleichzeitig sie tröste. Entweder das oder ich möchte mich eines Abends nach einer schönen Party schlafen legen und dann einfach nicht mehr aufwachen.«

Wir lachen beide über die friedliche Einfachheit dieser Vorstellung.

»Wenn es für mich so weit ist«, beschreibt Louise ihre Vorstellung dann genauer, »möchte ich, dass es ein bewusster Vorgang ist. Ich möchte mich darauf konzentrieren, wie ich ihn so angenehm wie möglich gestalten kann. Nach diesem unerfreulichen Erlebnis mit meinem Freund traf ich die Entscheidung, zwei Menschen die Verantwortung für mein Sterben anzuvertrauen – einer wird alle Entscheidungen bezüglich meines Körpers treffen, während der andere sich um meine emotionale und spirituelle Betreuung kümmern wird. Wenn also mein Abschied kommt, werde ich Menschen bei mir haben, die mit dem Sterbevorgang vertraut sind und damit umzugehen wissen.«

Es ist ein revolutionärer Gedanke, schon im Voraus Menschen zu bestimmen, die uns am Ende unseres Lebens emotional, spirituell und auf der körperlichen Ebene betreuen. Werden wir uns nicht viel besser fühlen, wenn wir wissen, dass unser Übergang geborgen, angenehm und schmerzfrei sein wird, umgeben von Menschen, die gut darauf vorbereitet sind, sich um unsere Bedürfnisse zu kümmern? Wie wäre es, wenn Sie einmal, und zwar ganz konkret, darüber nachdenken, welche idealen Umstände Sie sich für Ihren Tod wünschen?

Da wir nicht über den Tod sprechen, geraten wir dann später an ein medizinisches System, das zwar den Körper behandelt, sich aber nicht notwendigerweise auch um Herz und Seele kümmert. Plötzlich finden wir uns im Krankenhaus wieder, Apparaten und dem Personal ausgeliefert, das zufällig gerade Dienst hat. Da wir den Tod tabuisieren und uns vor ihm fürchten, versäumen wir es, rechtzeitig kluge Entscheidungen im Interesse unserer emotionalen, physischen und spirituellen Gesundheit zu treffen. Dafür zahlen wir den hohen Preis, dann, wenn es so weit ist, nicht den liebevollen, fürsorglichen Beistand zu erhalten, den wir verdienen.

Louises Bereitschaft, ihren Übergang rechtzeitig vorzubereiten und zu planen, ist ein mutiger, tiefgründiger Akt der Selbstliebe. Eine aufmerksame Person in unserer Nähe zu haben, der wir völlig vertrauen können, kann der entscheidende Unterschied zwischen einem friedvollen Ende und einer Katastrophe sein. Also frage ich Louise, nach welchen Kriterien sie diese beiden Menschen ausgewählt hat, die ihr bei ihrem Übergang beistehen sollen.

»Ich habe zwei Menschen ausgewählt, bei denen ich mich hundertprozentig darauf verlassen kann, dass sie bei mir sein werden, wenn mein Ende kommt«, antwortet sie. »Sie wissen, was ich mir wünsche, was ich brauche, um mich wohlzufühlen, und sie haben sich bereit erklärt, meine Wünsche auszuführen. Ich kenne sie gut und ich vertraue auf ihre Erfahrung in diesen Dingen. Sie kennen ihren jeweiligen Aufgabenbereich so gut, dass ich ihnen keine speziellen Anweisungen geben muss. Der eine Gentleman hat schon vielen, vielen Menschen am Ende ihres Lebens geholfen, und der andere ist ein Fachmann auf dem Gebiet der Krankenbetreuung und Therapie, der meinen Körper und meine gesundheitlichen Bedürfnisse genau kennt. Ich kann

darauf vertrauen, dass sie tun werden, was sie ver-
sprochen haben. Und darauf kommt es an.«

Also ist es die Planung, die gute Vorbereitung, die
uns ein friedliches Sterben ermöglicht? Wird unsere
Angst geringer, wenn wir uns rechtzeitig mit dem
Tod auseinandersetzen?

»Damals, als ich mit Aidskranken arbeitete, sind
viel zu viele dieser jungen Männer gestorben, aber
eine große Zahl von ihnen starb in Frieden. Wir
sprachen über den Tod und wir stellten uns ihm gemeinsam. Ich erinnere mich an einen von ihnen,
David Soloman. Auf seinen Wunsch feierten wir mit
ihm seine Totenfeier. Er wusste, dass er nur noch
wenige Tage zu leben hatte, und kam im Rollstuhl
zu unserem Treffen.«

Jetzt füllen sich Louises Augen mit Tränen, und es
ist an mir, ihr ein Papiertaschentuch zu reichen.

»Wir sagten all die wunderbaren Sachen zu ihm,
die wir auch bei seiner Beerdigung gesagt hätten«,
erzählt sie. »Es war eine schöne Erfahrung für uns
alle. Wir wünschten uns, es für ihn zu einem friedvollen, liebevollen und tröstlichen Erlebnis zu machen, und so war es dann auch.«

Was für ein wundervolles Ritual, sage ich und
schaue ihr in die Augen.

»Bei all diesen Jungs machte ich dieses, nun ja,
vielleicht etwas verrückte, alberne Ritual. Ich sprach
über Reinkarnation und sagte ihnen, dass ich in den

Gesichtern von Babys nach ihnen Ausschau halten würde. Dann machte ich vor, wie ich mit den Babys reden würde: ›Bist du das, David Soloman? Bist du wiedergekommen, um uns zu besuchen? Du siehst aber süß aus.‹ Das gefiel ihnen und sorgte immer für großes Gelächter.«

Auch ich muss lachen, als Louise diese Geschichte noch einmal nacherlebt. Dann frage ich sie, ob sie der Ansicht ist, dass die Arbeit mit diesen an Aids erkrankten Männern besonders erfüllend war.

»Es war unglaublich, einfach unglaublich«, antwortet sie. »Astrologisch betrachtet, war Pluto damals im Transit zu meiner Sonne. Das ist für die meisten Leute eine extrem schwierige Phase, weil man dann alle möglichen Lektionen über den Tod lernen muss. Aber ich empfing die beste Lektion, die man sich nur vorstellen kann. Ich war so damit beschäftigt, mich um diese Männer zu kümmern, dass ich gar keine Zeit hatte, mir um mich selbst Sorgen zu machen. Und je einfacher ich mich verhielt und je weniger ich selbst tat, desto besser gefielen ihnen die Treffen, und sie sagten, wie gut es ihnen tat und wie wohl sie sich dabei fühlten.

Manchmal beschränkte ich mich darauf, die Treffen mit einem Gebet und einer kleinen geführten Meditation einzuleiten. Dann wählte ich jemanden aus, der sprechen sollte, und saß selbst einfach still dabei. Dieser Sprecher wählte dann seinerseits den nächsten aus, der etwas zur Gruppe sagte. Und am Ende des Treffens machten wir Heilungstriaden. Jemand legte sich hin. Dann setzte sich ein anderer an seinen Kopf und ein zweiter an seine Füße. Sie berührten den Körper des Liegenden mit ihren Händen, und ich leitete dazu eine von Musik begleitete Meditation. Dann wechselten wir uns ab, sodass jeder die Liebe empfangen konnte. Diese einfachen Dinge bedeuteten ihnen am meisten.«

Gibt es Affirmationen, die Sie beim Umgang mit dem Sterben eingesetzt haben?

»Ja, ich empfehle solche, die sich mit unseren Glaubenssätzen darüber befassen, was sich auf der anderen Seite befindet. Wenn es in uns ein verängstigtes kleines Kind gibt, das sich vor Hölle und ewiger Verdammnis fürchtet, sollten wir Affirmationen anwenden, die diese negativen Glaubenssätze heilen, damit der Tod seinen Schrecken verliert.«

Louise stellt nun einige Affirmationen vor, die sie im Lauf der Jahre immer wieder benutzt hat:

Am Ende dieses Lebens freue ich mich, auf der anderen Seite wieder mit den geliebten Menschen vereint zu sein, die vor mir hinübergegangen sind.

Mit Freude, Gelassenheit und innerem Frieden trete ich meine Reise auf die andere Seite an.

Ich kann es kaum erwarten, am Ende dieser Reise die geliebten Menschen wiederzusehen, die mich drüben erwarten.

Jenseits dieses Stadiums meines Lebens sehe ich nur Liebe und Frieden.

Nur Gutes erwartet mich. Ich bin geborgen und ich werde geliebt.

»Man kann sehr viel leichter Abschied nehmen, wenn man sich getröstet und geborgen fühlt«, sagt sie. »Wenn Sie mit dem Gefühl gehen, dass drüben etwas Gutes auf Sie wartet, werden Sie keine Angst haben.«

Allerdings wissen wir nicht, was auf der anderen Seite ist …

»Das stimmt. Niemand weiß es. Es gibt Menschen mit einer starken Überzeugung, die glauben, uns genau sagen zu können, wie es auf der anderen Seite aussieht, aber in Wirklichkeit weiß es niemand. Wir sollten die Menschen dazu ermutigen, über das Lebensende nachzudenken und sich angemessen darauf vorzubereiten. Diese Vorbereitung ist in jedem Alter wichtig. Möglicherweise lebe ich länger als die Menschen, die ich für meine Sterbebegleitung ausgewählt habe. Aber in diesem Fall wird das Leben mir eine andere Option ermöglichen. Da bin ich mir sicher. Ich habe schon eine Menge Dinge überstanden. Manchmal war die Lage wirklich schlimm, aber immer wurde ich gerettet.«

Warum ist das so? Was glauben Sie?

»Nun, möglicherweise weil wichtige Aufgaben auf mich warteten, die ich noch zu erledigen hatte. Deshalb überstand ich alle Schwierigkeiten. Ich bin immer eine Frau gewesen, die Wagnisse auf sich nimmt. Und ich habe dabei dies gelernt: Wenn wir mutig und aus vollem Herzen leben, wenn wir uns wirklich auf das Leben einlassen, dann kommt das Leben uns entgegen, und wir werden reich beschenkt.«

Louise ist ohne Zweifel ein Mensch, der sich wirklich auf das Leben einlässt, sich wirklich öffnet. Am Ende dieser Begegnung, von der ich annehme, dass sie das letzte Arbeitstreffen für dieses Buch sein wird, gehe ich von Liebe erfüllt zu meinem Hotelzimmer. Ich empfinde tiefe Bewunderung für diese lebensverändernde Erfahrung. Was für ein Segen war es für mich, dass ich so viel Zeit mit einer so außergewöhnlichen Frau verbringen durfte!

Als ich die Zimmertür aufschließe, weiß ich, dass mein Leben nie mehr wie früher sein wird. Und tief in mir weiß ich noch etwas anderes mit Gewissheit: *Das Leben liebt mich.*

Einige Tage später, inzwischen bin ich aus Vancouver nach Hause zurückgekehrt und gehe nun meine
Notizen durch, denke ich über ein gutes Ende für
dieses Buch nach. Statt mühsam die richtigen Worte
zu suchen, entspanne ich mich und lasse es zu, dass
das perfekte Ende mich findet.

Die Antwort kommt nach wenigen Tagen in Ge-
stalt einer E-Mail, die Louise mir schickt. Sie hat
einen Brief gefunden, den sie vor vielen Jahren
einem jungen Aidskranken schrieb, dessen Tod kurz
bevorstand. Einen besseren Schluss für unser gemeinsames Buch gibt es nicht:

Lieber Freund,

hier sind einige Gedanken über den völlig normalen, natürlichen Prozess, den Planeten zu verlassen – einen Vorgang, den wir alle erleben werden. Je friedvoller wir uns auf diese Erfahrung einlassen, desto leichter wird sie für uns. Hier ist das, was ich darüber weiß:

Wir sind immer sicher und geborgen.
Alles wandelt sich unaufhörlich.
Vom Moment unserer Geburt an
bereiten wir uns darauf vor,
wieder ins Licht zurückzukehren.
Öffne dich für den Frieden.
Engel umgeben dich.
Sie führen dich auf jedem
Schritt deines Weges.

In jedem Fall wird die
Art und Weise, wie du hinübergehst,
für dich perfekt sein.

Alles entfaltet sich in Vollkommenheit
zur rechten Zeit und am rechten Ort.

Dies ist eine Zeit der Freude,
denn du bist auf dem Weg nach Hause.

So wie wir alle.

Empfehlenswerte Affirmationen

Zur Heilung:

Ich liebe mich und ich vergebe mir.

Ich vergebe mir, es zugelassen zu haben, dass [Wut, Verbitterung, Furcht oder was auch immer] meinen Körper schädigen.

Ich verdiene es, geheilt zu werden.

Mein Körper weiß, wie er sich selbst heilen kann.

Ich achte liebevoll auf die Ernährungsbedürfnisse meines Körpers.

Ich liebe jeden Zentimeter meines Körpers.

Ich sehe klares, kühles Wasser meinen Körper durchströmen und alle Unreinheiten aus ihm herauswaschen.

Meine gesunden Zellen werden jeden Tag stärker.

Ich vertraue darauf, dass das Leben meine Heilung in jeder Hinsicht unterstützt.

Jede Hand, die meinen Körper berührt, ist eine heilende Hand.

Meine Ärzte sind erstaunt, wie rasch die Heilung
meines Körpers fortschreitet.

Ich werde jeden Tag in jeder Hinsicht gesünder
und gesünder.

Ich liebe mich.

Ich bin sicher und geborgen.

Das Leben liebt mich.

Ich bin heil und vollkommen.

Wenn Sie aufwachen und die Augen öffnen:

Guten Morgen, Bett, danke, dass du so behaglich bist.
Ich liebe dich.

[Ihr Name], dies ist ein gesegneter Tag.

Alles ist gut. Ich habe heute alle Zeit, die ich brauche.

**Während Sie in den Badezimmerspiegel
schauen:**

Guten Morgen, [Ihr Name]. Ich liebe dich.
Ich liebe dich wirklich.

Heute warten wunderbare Erfahrungen auf uns.

Du siehst großartig aus.

Du hast ein wunderschönes Lächeln.

Dein Make-up [oder Haar] ist perfekt.

Du bist meine ideale Frau [mein idealer Mann].

Wir werden heute einen herrlichen Tag verbringen.

Ich liebe dich von ganzem Herzen.

Unter der Dusche:

Ich liebe meinen Körper, und mein Körper liebt mich.

Es ist ein herrliches Vergnügen, sich zu duschen.

Das Wasser fühlt sich so gut an.

Ich bin den Menschen dankbar, die diese Dusche konstruiert und gebaut haben.

Mein Leben ist gesegnet.

Auf der Toilette:

Leicht und mühelos scheide ich alles aus, was mein Körper nicht mehr benötigt.

Essen und Trinken, Assimilation und Ausscheidung vollziehen sich in richtiger göttlicher Ordnung.

Beim Ankleiden:

Ich liebe meinen Kleiderschrank.

Es fällt mir leicht, mich gut anzuziehen.

Ich wähle zu jedem Anlass stets die passende Kleidung.

Ich fühle mich in meiner Kleidung wohl.

*Ich vertraue darauf, dass meine innere Weisheit
mir zeigt, welche Kleidung gerade die richtige ist.*

In der Küche:

*Hallo, Küche, du bist das Kraftzentrum für meine
Ernährung. Ich wertschätze dich!*

*Du und alle deine Gerätschaften helfen mir, köstliche,
nahrhafte Mahlzeiten zuzubereiten.*

*Ich bin dankbar für die Fülle an guten, gesunden
Nahrungsmitteln in meinem Kühlschrank.*

*Leicht und mühelos bereite ich in meiner Küche
wohlschmeckende, nahrhafte Mahlzeiten zu.*

Küche, du hilfst mir, mein Leben zu genießen!

Ich liebe dich.

Während der Mahlzeiten:

Ich bin so dankbar für diese wundervolle Nahrung.

Ich segne diese Mahlzeit liebevoll.

*Ich liebe es, köstliche und nahrhafte Gerichte
zuzubereiten.*

Meine ganze Familie genießt diese Mahlzeit.

*Unsere Mahlzeiten verlaufen heiter und entspannt.
Lachen ist gut für die Verdauung.*

Köstliche Mahlzeiten vorzubereiten ist eine Freude.

Mein Körper freut sich am guten Essen.

*Ich bin dankbar, dass ich für meine Familie gesunde,
hochwertige Lebensmittel einkaufen kann.*

*Durch ein gutes, nahrhaftes Frühstück stärken wir
uns für den Tag.*

In diesem Haus verlaufen alle Mahlzeiten harmonisch.

*Voller Freude und Liebe nehmen wir unsere
gemeinsamen Mahlzeiten ein.*

Wenn wir zusammen essen, ist das eine glückliche Zeit.

Die Kinder probieren gerne neue Gerichte aus.

*Mit jedem Bissen, den ich esse, wird mein Körper
stärker und gesünder.*

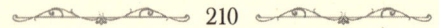

Beim Autofahren:

Ich bin stets von guten Autofahrern umgeben und ich strahle bewusst Liebe auf alle Autos in meiner Umgebung aus.

Meine Fahrt verläuft leicht und mühelos.

Meine Fahrt ist angenehm, und ich komme früher an als erwartet.

Ich fühle mich in meinem Auto wohl.

Ich weiß, dass dies eine wunderschöne Fahrt ins Büro wird [oder in die Schule, zum Einkaufen etc.].

Ich segne mein Auto liebevoll.

Ich sende allen Menschen, die mit mir auf den Straßen unterwegs sind, meine Liebe.

Während des Tages:

Ich liebe mein Leben.

Ich liebe diesen Tag.

Das Leben liebt mich.

Ich liebe es, wenn die Sonne scheint.

Es ist wunderbar, die Liebe in meinem Herzen zu fühlen.

Alles, was ich tue, bringt mir Freude.

Es fällt mir leicht und ist angenehm, mein Denken zu verändern.

Es ist eine Freude, einfühlsam und freundlich mit mir selbst zu sprechen.

Dies ist ein herrlicher Tag, und jede meiner Erfahrungen ist ein freudiges Abenteuer.

Bei der Arbeit:

Ich arbeite mit klugen, inspirierenden Menschen an Projekten, die zur Heilung unserer Welt beitragen.

Ich segne meine derzeitige Arbeit liebevoll.

Ich habe eine wunderbare Beziehung zu allen Menschen an meinem Arbeitsplatz, einschließlich

_____.

Ich bin umgeben von wunderbaren Kollegen.

Die Zusammenarbeit mit allen meinen Kollegen und Vorgesetzten ist eine Freude.

Unsere Arbeit ist für uns alle ein Vergnügen.

Ich habe ein wundervolles Verhältnis zu meinem Chef.

Ich liebe stets meine Arbeitsstelle. Ich habe immer die besten Jobs. Meine Arbeit wird stets wertgeschätzt und anerkannt.

Ich gebe meine bisherige Arbeit jetzt an einen anderen
Menschen weiter, der sich freuen wird, an meine Stelle
zu treten.

Ich bin jetzt offen für eine neue berufliche Aufgabe,
bei der ich alle meine kreativen Talente und
Fähigkeiten optimal entfalten kann.

Mein Beruf schenkt mir Erfüllung, und ich gehe
jeden Tag mit Freude arbeiten.

Ich arbeite für Menschen, die mich und meine
Fähigkeiten anerkennen und wertschätzen.

Das Gebäude, in dem sich mein Arbeitsplatz befindet,
ist hell, gut belüftet, und es herrscht dort in jeder
Hinsicht eine angenehme Atmosphäre. Alle dort sind
mit Freude und Begeisterung bei der Arbeit.

Meine neue Arbeitsstelle liegt am für mich perfekten Ort.
Ich verdiene dort sehr gut, wofür ich zutiefst dankbar bin.

Wenn wir nach Hause kommen:

Guten Abend, Haus, ich bin wieder da.

Ich bin so froh, hier zu sein. Ich liebe mein Zuhause.

Ich freue mich darauf, meine Familie zu sehen.

Heute werden wir einen wunderschönen gemeinsamen
Abend verbringen.

Die Kinder erledigen ihre Schulaufgaben in null
Komma nichts.

Das Abendessen gelingt mir leicht und mühelos.

**Zur Stärkung unserer Gesundheit und für eine
liebevolle Beziehung zu unserem Körper:**

Dies ist eine angenehme und leichte Lebensphase für
mich.

Ich bin angenehm überrascht, wie mühelos sich mein
Körper an die Wechseljahre anpasst.

Ich schlafe nachts gut.

Mein Körper ist ein wunderbarer Freund; wir erleben
zusammen eine wunderbare Zeit.

Ich achte auf die Botschaften meines Körpers und
handele dementsprechend.

Ich nehme mir die Zeit zu lernen, wie mein Körper
funktioniert und welche Nahrung er benötigt, um
optimal gesund zu sein.

Je mehr ich meinen Körper liebe, desto gesünder
fühle ich mich.

Hallo, Körper, danke dafür, dass du so gesund bist.

Du siehst heute wieder toll aus.

*Es ist mir eine Freude, dich durch meine Liebe
aufblühen zu lassen.*

Du hast wunderschöne Augen.

Ich liebe deine schöne Figur.

Ich liebe jeden Zentimeter an dir.

Ich liebe dich von ganzem Herzen.

*Ich liebe dich, mein Körper, weil du mich
aufrechterhältst.*

Du bist so ein wunderschöner Körper.

*Danke, dass du heute so beweglich und kooperativ
bist.*

Ich liebe es, deine Kraft und Anmut zu sehen.

Wenn uns Probleme zu schaffen machen:

*Liebevoll löse ich mich von diesem Vorfall.
Er ist vorbei und liegt hinter mir.*

*Erwartungsvoll blicke ich dem nächsten Augenblick
entgegen. Er ist frisch und neu.*

Nur gute Erfahrungen liegen vor mir.

Liebe erwartet mich, wo immer ich hingehe.

Ich liebe das Leben, und das Leben liebt mich.

Alles ist gut und damit auch ich.

Alles ist gut. Alles entfaltet sich zu meinem höchsten Wohl. Aus dieser Situation wird nur Gutes entstehen. Ich bin sicher und geborgen.

Ich freue mich auf die friedvolle Lösung, die sich nun für dieses Problem findet. Die unangenehme Situation klärt sich schnell, und alle sind mit dem Ergebnis zufrieden.

Ich löse mich jetzt von dem Bedürfnis nach dramatischen Situationen. Von nun an ist der Frieden meine Energiequelle.

Für mehr Wohlstand:

Ich gedeihe in jeder Hinsicht.

Mein Einkommen wächst stetig.

Ich trage zum Wohlergehen aller Menschen in meiner Welt bei, und alle Menschen in meiner Welt tragen zu meinem Wohlergehen bei.

Das Leben liebt mich, und für alle meine Bedürfnisse ist stets gesorgt.

Dankbar nehme ich all das Gute an, das es gegenwärtig in meinem Leben gibt.

Das Leben liebt mich und sorgt für mich.

Ich vertraue auf das Leben.

Ich verdiene es, wohlhabend zu sein.

Das Leben sorgt stets für alle meine Bedürfnisse.

Jeden Tag strömt auf überraschende Weise Fülle in mein Leben.

Zur Vorbereitung auf das Lebensende:

Am Ende dieses Lebens freue ich mich, auf der anderen Seite wieder mit den geliebten Menschen vereint zu sein, die vor mir hinübergegangen sind.

Mit Freude, Gelassenheit und innerem Frieden trete ich meine Reise auf die andere Seite an.

Ich kann es kaum erwarten, am Ende dieser Reise die geliebten Menschen wiederzusehen, die mich drüben erwarten.

Jenseits dieses Stadiums meines Lebens sehe ich nur Liebe und Frieden.

Nur Gutes erwartet mich. Ich bin geborgen und ich werde geliebt.

ZU DEN EIGENEN WURZELN FINDEN

Vera Griebert-Schröder
Eine Reise zu den Ahnen
Schamanische Wege
zu den eigenen Wurzeln

240 Seiten
€ [D] 16,99 / € [A] 17,50 / sFr 23,90
ISBN: 978-3-7934-2285-3
Auch als E-Book erhältlich.
www.allegria-verlag.de

Erst wenn man mehr über seine Vorfahren weiß und sich seiner Herkunft bewusst ist, kann man zu sich selbst finden. Die Aussöhnung mit der Vergangenheit und das Wissen um die eigene Herkunft sind wichtig für die persönliche Entwicklung. Sie stärken das Identitätsgefühl und vermitteln ein Gefühl von Geborgenheit und Zugehörigkeit. Auf anschauliche Weise verknüpft Vera Griebert-Schröder traditionelles schamanisches Wissen mit neuem modernen Wissen und macht es dadurch für den Alltag anwendbar.

Lernen Sie schamanische Praktiken und Rituale kennen und erspüren Sie mit Fantasiereisen, die Wege Ihrer Ahnen. Entdecken Sie, dass Sie Teil einer Kette sind, aus der Sie Kraft schöpfen können.